स्कन्दगुप्त

[ऐतिहासिक नाटक]

स्कन्दगुप्त

जयशंकर प्रसाद

लोकभारती प्रकाशन

लोकभारती प्रकाशन
पहली मंजिल, दरबारी बिल्डिंग, महात्मा गांधी मार्ग
प्रयागराज-211 001

शाखाएँ : 1-बी, नेताजी सुभाष मार्ग, दरियागंज
नई दिल्ली-110 002
अशोक राजपथ, साइंस कॉलेज के सामने
पटना-800 006
1, अनमोल सोराबजी संतुक लेन, धोबी तलाव,
मरीन लाइंस, मुम्बई-400 002

वेबसाइट : www.lokbhartiprakashan.com
ईमेल : info@lokbhartiprakashan.com

पहला संस्करण : 1928
वर्तमान संस्करण : 2025

बी.के. ऑफसेट
नवीन शाहदरा, दिल्ली-110 032
द्वारा मुद्रित

SKANDGUPT
Play by Jay Shankar Prasad

ISBN : 978-81-83522-27-9

मूल्य : ₹ 95

निवेदन

[प्रथम संस्करण से]

श्री जयशंकर प्रसाद के नाटकों ने हिन्दी साहित्य के एक अंग की बड़ी ही सुन्दर पूर्ति की है। उनकी कल्पना कितनी मार्मिक और उच्चकोटि की है—इसके विषय में कुछ कहना वाचालता मात्र होगी।

उनके नाटक हमारे स्थायी साहित्य के भंडार को अमूल्य रत्न देने के सिवा एक और महत् कार्य कर रहे हैं, वह है हमारे इतिहास का उद्धार। महाभारत युग के 'नागयज्ञ' से लेकर हर्षकालीन 'राज्यश्री' प्रभृति नाटकों से वे हमारे लुप्त इतिहास का पुनर्निर्माण कर रहे हैं। ऐसा करने में चाहे बहुत-सी बातें कल्पना प्रसूत हों, किन्तु 'प्रसाद' जी की ये कल्पनाएँ ऐसी मार्मिक और अपने उद्दिष्ट समय के अनुकूल हैं कि वे उरा समय की पूर्ति कर देती हैं जो विस्मृति के तिमिर में विलीन हो गया है।

किसी काल के इतिहास का जो गूदा है—अर्थात् महापुरुषों की वे कहानियाँ जिनके कारण उस काल के इतिहास ने एक विशिष्ट रूप पाया है, उसे यदि कोई लेखक अपने पाठकों के सामने प्रत्यक्ष रख सके तो उसने झूठा नहीं कहा, वह सत्य ही है; चाहे वास्तविक हो वा कल्पित।

भगवान कृष्ण ने गीता के रूप में जो अमृत हमें दिया है उसका चाहे सौ पुराण सौ रूप में वर्णन करें, पर यदि उन रंगीन मटकों में से हम उस अमृत का पान कर सकते हैं तो वे सब-के-सब उसके लिए समुचित भाजन ही ठहरें—व्यर्थ के कृत्रिम आडम्बर नहीं ।

गुप्त काल (275 ई.-540 ई. तक) अतीत भारत के उत्कर्ष का मध्याह्न है। उस समय आर्य साम्राज्य मध्य एशिया से जावा-सुमात्रा तक फैला हुआ था। समस्त एशिया पर हमारी संस्कृति का झंडा फहरा रहा था। इसी गुप्तवंश का सबसे उज्ज्वल नक्षत्र था—स्कन्दगुप्त। उसके सिंहासन पर बैठने के पहले ही साम्राज्य में भीतरी षड्यंत्र उठ खड़े हुए थे। साथ ही आक्रमणकारी हूणों का आतंक देश में छा गया था और गुप्त सिंहासन डाँवाँडोल हो चला था। ऐसी दुरवस्था में लाखों विपत्तियाँ सहते हुए भी जिस लोकोत्तर उत्साह और पराक्रम से स्कन्दगुप्त ने इस स्थिति से

आर्य साम्राज्य की रक्षा की थी—पढ़कर नसों में बिजली दौड़ जाती है। अन्त में साम्राज्य का एकक्षत्र चक्रवर्तित्व मिलने पर भी उसे अपने वैमात्र एवं विरोधी भाई पुरगुप्त के लिए त्याग देना, तथा, स्वयं आजन्म कौमार जीवन व्यतीत करने की प्रतिज्ञा करना—ऐसे प्रसंग हैं जो उसके महान चरित्र पर मुग्ध ही नहीं कर देते, बल्कि देर तक सहृदयों को करुणासागर में निमग्न कर देते हैं।

कई कारणों से इस नाटक के निकालने में कुछ हफ्तों की देर हो गई। किन्तु उतनी ही देरी साहित्य प्रेमियों को जो इसके स्वागत के लिये लालायित हो रहे थे—असह्य हो उठी है। उनके तगादे पर तगादे आ रहे हैं अतएव हम उनसे इस देर के लिये क्षमाप्रार्थी हैं।

श्रावणी पूर्णिमा **—प्रकाशक**

स्कन्दगुप्त विक्रमादित्य

इस नाट्य-रचना का आधार दो मन्तव्यों पर स्थिर किया गया है; जिनके सम्बन्ध में हमें कुछ कहना है: पहला यह कि उज्जयिनी का पर-दुख-भंजक विक्रमादित्य गुप्त-वंशीय स्कन्दगुप्त था और दूसरा यह कि मातृगुप्त ही दूसरा कालिदास था, जिसने 'रघुवंश' आदि काव्य बनाए।

स्कन्दगुप्त का विक्रमादित्य होना तो प्रत्यक्ष प्रमाणों से सिद्ध होता है। शिप्रा से तुम्बी में जल भरकर ले आने वाले, और चटाई पर सोने वाले उज्जयिनी के विक्रमादित्य स्कन्दगुप्त के ही साम्राज्य के खँडहर पर भोज के परमार पुरखों ने मालव का नवीन साम्राज्य बनाया था। परन्तु मातृगुप्त के कालिदास होने में अनुमान का विशेष सम्बन्ध है। हो सकता है कि आगे चलकर कोई प्रत्यक्ष प्रमाण भी मिल जाये, परन्तु हमें उसके लिए कोई आग्रह नहीं। इसलिए हमने नाटक में मातृगुप्त का ही प्रयोग किया है। मातृगुप्त का काश्मीर का शासन और तोरमाण का समय तो निश्चित-सा है। विक्रमादित्य के मरने पर उसका दिया काश्मीर-राज्य वह छोड़ देता है, और वही समय सिंहल के कुमार धातुसेन का निर्धारित होता है। इसलिए इस नाटक में धातुसेन भी एक पात्र है। बन्धुवर्म्मा, चक्रपालित, पर्णदत्त, शर्वनाग, भटार्क, पृथ्वीसेन, खिंगिल, प्रख्यातकीर्ति, भीमवर्म्मा *(इसका शिलालेख कौशाम्बी में मिला है),* गोविन्दगुप्त आदि सब ऐतिहासिक व्यक्ति हैं।

इसमें प्रपंचबुद्धि और मुद्गल कल्पित पात्र हैं। स्त्री-पात्रों में स्कन्द की जननी का नाम मैंने देवकी रखा है। स्कन्दगुप्त के एक शिलालेख में—*'हतरिपुरिव कृष्णो देवकीमभ्युपेत'* मिलता है। सम्भव है कि स्कन्द की माता के नाम देवकी से ही कवि को यह उपमा सूझी हो। अनन्त देवी का तो स्पष्ट उल्लेख पुरगुप्त के माता के रूप में मिलता है। यही पुरगुप्त स्कन्दगुप्त के बाद शासक हुआ है। देवसेना और जयमाला वास्तविक और काल्पनिक पात्र, दोनों हो सकते हैं। विजया, कमला, रामा और मालिनी जैसी किसी दूसरी नामधारिणी स्त्री की भी उस काल में सम्भावना है; तब भी ये कल्पित हैं। पात्रों की ऐतिहासिकता के विरुद्ध चरित्र की सृष्टि, जहाँ तक सम्भव हो सका, नहीं होने दी गई। फिर भी कल्पना का अवलम्ब लेना ही पड़ा है, केवल घटना की परम्परा ठीक करने के लिए।

विक्रमादित्य

जिसके नाम से विक्रमीय संवत् का प्रचार है, भारत के उस आबाल-वृद्ध परिचित, प्रसिद्ध विक्रमादित्य का ऐतिहासिक अस्तित्व कुछ विद्वान् लोग स्वीकार नहीं करते। इसके कई कारण हैं। इसका कोई शिलालेख नहीं मिलता। विक्रमीय संवत् का उल्लेख प्राचीन ग्रन्थों में नहीं है। स्वयं मालव में अति प्राचीन काल से एक मालव-संवत् का प्रचार था, जैसे—*'मालवानां गणास्थित्या याते शतचतुष्टये'* इत्यादि, इसलिए कुछ विद्वानों का मत है कि गुप्तवंशीय प्रतापी द्वितीय चन्द्रगुप्त विक्रमादित्य ही असली विक्रमादित्य था, उसी ने सौराष्ट्र के शकों को पराजित किया और प्रचलित मालव संवत् के साथ अपनी 'विक्रम' उपाधि जोड़कर विक्रमीय संवत् का प्रचार किया।

परन्तु यह मत निस्सार है; क्योंकि चन्द्रगुप्त द्वितीय का नाम तो चन्द्रगुप्त था, पर उपाधि विक्रमादित्य थी; उसने सौराष्ट्र के शकों को पराजित किया; इससे यह तात्पर्य निकलता है कि शकारि होना विक्रमादित्य होने के लिए आवश्यक था। चन्द्रगुप्त द्वितीय के शकारि होने का हम आगे चलकर विवेचन करेंगे। पर चन्द्रगुप्त उज्जयिनी-नाथ न होकर पाटलिपुत्र के थे उनके शिलालेखों में गुप्त संवत् व्यवहृत हैं, तब वह दो संवतों के अकेले प्रचारक नहीं हो सकते। विक्रमादित्य उनकी उपाधि थी, नाम नहीं था। इन्हीं के लिए 'कथासरित्सागर' में लिखा है—*'विक्रमादित्य इत्यासीद्राजा पाटलिपुत्र के'*। सिकन्दरसानी और आलमगीरसानी के उदाहरण पर मानना होगा कि जिसकी ऐसी उपाधि होती है उसके पहले उस नाम का कोई व्यक्ति भी हो चुका होता है। चन्द्रगुप्त का राज्यकाल 385-413 ई. तक माना जाता है। तब, यह भी मानना पड़ेगा कि 385 के पहले कोई विक्रमादित्य हो गया है, जिसका अनुकरण करने पर उक्त गुप्तवंशीय सम्राट् चन्द्रगुप्त ने विक्रमादित्य की उपाधि से अपने को विभूषित किया! तख्तेबाही के शिलालेख का, जो गोंडोफोरस का है, काल 103 ई. है। तत्कालीन ईसाई कथाओं के आधार पर जो समय उसका निर्धारित होता है उससे वह विक्रमीय संवत् ही ठहरता है। तब यह भी स्थिर हो जाता है कि उस प्राचीन काल में शक संवत् के अतिरिक्त एक संवत् का प्रचार था और वह विक्रमीय था। मालव लोग उसके व्यवहार में 'मालव' शब्द का प्रयोग करते थे।

चन्द्रगुप्त का शक-विजय

कहा जाता है, गुप्तवंशीय सम्राट् चन्द्रगुप्त विक्रमादित्य ने मालव और सौराष्ट्र के पश्चिमी क्षत्रपों को पराजित किया, जो शक थे। इसलिए यही चन्द्रगुप्त विक्रमादित्य था। सौराष्ट्र में रुद्रसिंह तृतीय के बाद किसी के सिक्के नहीं मिलते। इसलिए यह माना जाता है कि इसी चन्द्रगुप्त ने रुद्रसिंह को पराजित करके शकों को निर्मूल किया। पर, बात कुछ दूसरी है। चन्द्रगुप्त के पिता समुद्रगुप्त ने ही भारत की विजय यात्रा की थी। हरिषेण की प्रशस्ति से ज्ञात होता है कि आर्यावर्त के विजित राजाओं

में एक नाम रुद्रदेव[1] भी है। सम्भवत: यही रुद्रदेव स्वामी रुद्रसेन था, जो सौराष्ट्र का भी क्षत्रप था। तब यह विजय समुद्रगुप्त की थी, फिर चन्द्रगुप्त ने किन शकों को निर्मूल किया? चन्द्रगुप्त का शिलालेख बेतवा और यमुना के पश्चिमी तट पर नहीं मिला। समुद्रगुप्त के शिलालेख से प्रकट होता है कि उसी ने विजय-यात्रा में राजाओं को भारतीय पद्धति के अनुसार पराजित किया। तात्पर्य; कुछ लोगों से उपहार लिया, कुछ लोगों को उनके सिंहासनों पर बिठला दिया, कुछ लोगों से नियमित 'कर' लिया इत्यादि। चन्द्रगुप्त के पहले ही यह सब हो चुका था, वस्तुत: वे सब शासन में स्वतंत्र थे। तब कैसे मान लिया जाय कि सौराष्ट्र और मालव में शकों को चन्द्रगुप्त ने निर्मूल किया, जिसका उल्लेख स्वयं चन्द्रगुप्त के किसी भी शिलालेख में नहीं मिलता। गुप्तवंशियों की राष्ट्रनीति सफल हुई, वे भारत के प्रधान सम्राट् माने जाने लगे। पर स्वयं चन्द्रगुप्त का समकालीन नरवर्म्मा *(गंगाधर के शिलालेख में)* और वह भी मालव का स्वतंत्र नरेश माना जाता है। फिर मालव-चक्रवर्ती उज्जयिनी-नाथ विक्रमादित्य और सम्राट् चन्द्रगुप्त, जो मगध और कुसुमपुर के थे, कैसे एक माने जा सकते हैं? चन्द्रगुप्त का समय 416 ई. तक है। इधर मन्दसोर वाले 424 ई. के शिलालेख में विश्ववर्म्मा और उसके पिता नरवर्म्मा स्वतंत्र मालवेश हैं। यदि मालव गुप्तों के अधीन होता तो अवश्य किसी गुप्त राजाधिराज का उसमें उल्लेख होता है, जैसा कि पिछले शिलालेख में (जो 437 ई. का है) कुमारगुप्त का उल्लेख है—'*वनान्तवान्तस्फुट पुष्पहासिनीं कुमारगुप्ते पृथिवीं प्रशासति*' इससे यह सिद्ध हो जाता है कि चन्द्रगुप्त का सम्पूर्ण अधिकार मालव पर नहीं था, वह उज्जयिनीनाथ नहीं थे उनकी उपाधि विक्रमादित्य थी, तब उनके पहले एक विक्रमादित्य 385 से पूर्व हुए थे। हमारे प्राचीन लेखों में भी इस प्रथम विक्रमादित्य का अनुसंधान मिलता है। 'गाथा सप्तशती' एक प्राचीन गाथाओं का संग्रह 'हाल' भूपति के नाम से उपलब्ध है। पैठन में इसकी राजधानी थी। इसका समय ईसवीय सन् की पहली शताब्दी है। महामहोपाध्याय पं. दुर्गाप्रसाद ने अभिनन्द के रामचरित से—

हालेनोत्तम पूजयाकवि वृष: श्रीपालितो लालित:
ख्यातिं कामपि कालिदास कवयो नीता शकारातिना

उद्धृत करके माना है कि श्रीपालित ने अपने राजा 'हाल' के लिए यह 'गाथा सप्तशती' बनाई इसमें एक गाथा पाँचवें शतक की है।

संवाहण सुहरस तोसिएण देन्तेह तुहकरे लक्खम्
चलणेण विक्रमादित्त चरित्रं अणु सिक्खअंतिस्सा ॥ 64 ॥

---

1. रुद्रदेव-मत्तिल-नागदत्त-चन्द्रवर्मा-गणपतिनाग-नागसेनाच्युतनन्दि-वलवर्मा द्यनेकार्य्यावर्त्त-राज प्रसभोद्धरणोद्धृत प्रमावमहत: परिचारिकी कृत सर्व्वाटविक-राजस्य।
कुमारामात्य हरिषेण द्वारा रचित और महादंडनायक तिलभट्ट द्वारा प्रतिष्ठित समुद्रगुप्त की प्रशस्ति में इलाहाबाद स्तम्भलेख की इक्कीसवीं पंक्ति : भंडारकर सूची सं. 1538।

ईसा-पूर्व पहली शताब्दी में एक विक्रमादित्य हुए, इसके मानने का यह एक प्रमाण है। जैन ग्रन्थ कालकाचार्य-कथा में उज्जयिनीनाथ विक्रम का मध्यभारत के शकों को परास्त करना लिखा है। प्रबन्धकोष में लिखा है कि महावीर स्वामी के मोक्ष पाने पर 473 वर्ष बाद विक्रमादित्य हुए। भारत की परम्परागत कथाओं में प्रसिद्ध है कि विक्रमादित्य गन्धर्वसेन का पुत्र था। टाड ने राजस्थान के राजकुलों का वर्णन करते हुए यह लिखा है कि तुअरवंश पाण्डववंश की एक शाखा है, जिसमें संवत् प्रचारक विक्रम और अनंगपाल का जन्म हुआ था। प्राचीन ऐतिहासिक ग्रंथ 'राजावली' में दिल्ली के राजाओं का वर्णन करते हुए लिखा है कि दिल्ली के राजा राजपाल का राज्य कुमायूँ के पहाड़ी राजा शुकवन्त ने छीन लिया। उसे विक्रमादित्य ने मार कर दिल्ली का उद्धार किया। इधर प्रसिद्ध विद्वान् स्मिथ ने लिखा है कि ईसा के पूर्व दूसरी शताब्दी में शकों का उत्थान हुआ जो भारत में उसी के लगभग घुसे।

Branches of the Barbarian stream which penetrated the Indian passes, deposited settlements at Taxila in the Punjab and Mathura on the Jamuna.

Yet another section of the horde at a later date perhaps about middle of the first century after Christ pushed on southwards and occupied the peninsula of Saurashtra or Kathiawar, founding a 'saka' dynasty which lasted until it was destroyed by Chanadrgupta Vikramaditya about A.D. 390. The Satraps of Mathura were closely connected with those of Taxila and belong to the same period about 50 B.C. or later.

पिछली शक-शाखा के सम्बन्ध में, जो सौराष्ट्र गई, यह कहा जाता है कि चन्द्रगुप्त विक्रमादित्य ने उसे निर्मूल किया; पर वास्तव में 385 ई. तक समुद्रगुप्त जीवित थे और उन्हीं के समय में 382 ई. तक के शक सिक्के मिलते हैं। बाद के सिक्के बिना संवत् के हैं। इससे प्रतीत होता है कि समुद्रगुप्त के सामने क्षत्रपों का प्रताप निस्तेज हुआ, फिर बिना संवत् के सिक्के वहाँ प्रचलित हुए। तात्पर्य, उक्त समुद्रगुप्त के समय 385 के पूर्व ही सौराष्ट्र की शक-शाखा का ह्रास हुआ। चन्द्रगुप्त का राज्यारोहण काल 380 ई. मानते हैं परन्तु उसका सबसे पहला शिलालेख उदयगिरि का गुप्त संवत् 82 (ई. 401) का मिलता है। सौराष्ट्र के जो सिक्के चन्द्रगुप्त के माने जाते हैं वे गुप्त संवत् 90 (ई. 409) के हैं इसके पहले के नहीं। शक क्षत्रपों के अन्तिम सिक्कों का समय 311-389 ई. है।[1] अच्छा, इन सिक्कों के बाद 389 से लेकर 409 ई. (20 वर्ष) तक किन सिक्कों का प्रचार रहा, क्योंकि चन्द्रगुप्त के सिक्कों के देखने से उसका सौराष्ट्र-विजय 409 ई. से पहले का नहीं हो सकता

1. Ropson, catalogue, 194 F. No. 907. (राज्ञः महाक्षत्रपस्य स्वामी-सत्यसिंहस्य पुत्रस्य राज्ञः महाक्षत्रपस्य स्वामि *रुद्रसिंहस्य*) तुलनीय—इलाहाबाद स्तम्भ लेखकारुद्रदेव प्रथम और इससे भिन्न है।

(जब के उसके सिक्के हैं)। फिर इधर उदयगिरि वाला लेख भी ई. 401 के पहले का नहीं है। तब यह सहज ही अनुमान किया जा सकता है कि चन्द्रगुप्त के राज्यारोहण-काल का 385 या 380 में इसलिए अनुमान किया जाता है जिसमें सौराष्ट्र-विजय का श्रेय उसी को मिले। वास्तव में समुद्रगुप्त के समय में शक-विजय हुआ। हरिषेण की विजय-प्रशस्ति में समुद्रगुप्त के द्वारा पराजित राजाओं की नामावली में रुद्रदेव का भी उल्लेख है और वह रुद्रदेव सौराष्ट्र के शक क्षत्रपों में रहा होगा। चन्द्रगुप्त ने भी पिता के अनुकरण पर विजय-यात्रा की थी, जैसा कि उनके उदयगिरि वाले शिलालेख से स्पष्ट है परन्तु उनके शासन-काल में मालव स्वतंत्र था। समुद्रगुप्त के बाद मालव और सौराष्ट्र स्वतंत्र राष्ट्र गिने जाते थे। गंगाधर और मन्दसोर के दोनों शिलालेखों को देखने से सूचित होता है कि नरवर्म्मा और विश्ववर्म्मा मालव के स्वतंत्र नरेश थे। कुमारगुप्त के समय में बन्धुवर्म्मा ने सम्भवत: 424-437 ई. के बीच गुप्त-साम्राज्य के अधीन होना स्वीकार किया।

चन्द्रगुप्त के शक-विजय का उल्लेख बाणभट्ट ने भी किया है—*'अरिपुरे पर-कलत्रकामुकं कामिनीवेशश्चन्द्रगुप्त: शकनरपतिं अशातयत्।'* यह शक विजय किस प्रान्त में हुआ, इसका ठीक उल्लेख नहीं, पर कुछ लोग अनुमान करते हैं कि कुशानों के दक्षिणी शक क्षत्रप से 400 ई. के समीप प्रतिष्ठान का उद्धार चन्द्रगुप्त ने किया। जब आन्ध्र राजाओं से लड़-झगड़कर वे शक क्षत्रप स्वतंत्र हो गये थे तब चन्द्रगुप्त ने दक्षिण के उन स्वतंत्र शकों को पराजित करने के लिए जिस उपाय का आलम्बन किया था, उसका उल्लेख 'कथासरित्सागर' की चौथी तरंग से भी प्रकट है। *(अवलोक्य 'ध्रुवस्वामिनी' एकांकी 'प्रसाद')*।

मथुरा के शक शासकों का नाश, जो शकों की पहली शाखा के थे, किसने किया—इस सम्बन्ध में इतिहास चुप है। राजबुल, षोडाश और खर्रओष्ठ नाम के तीन शक नरेशों के ईसा पूर्व पहली शताब्दी में, मथुरा पर शासन करने का उल्लेख स्पष्ट मिलता है। षोडाश ने आर्य-शासक रामदत्त से दिल्ली और मथुरा छीनकर शक-राज्य प्रतिष्ठित किया था। 'राजावली' में इसका उल्लेख है कि विक्रमादित्य ने पहाड़ी राजा शुकवन्त से दिल्ली का उद्धार किया। शुकवन्त सम्भवत: विदेशी षोडाश का ही विकृत नाम है, क्योंकि ईसा की पहली शताब्दी के बाद उस प्रान्त में उन शकों का शासन निर्मूल हो गया। इन लोगों को पराजित करने वाला वही विक्रमादित्य हो सकता है, जो ईसवीय पूर्व पहली शताब्दी का हो।

जैसलमेर के इतिहास में भट्टियों का वर्णन यहाँ बड़े काम का है। उन्होंने लिखा है कि विक्रमीय संवत् 72 में गजनी-पति गज का पुत्र शालिवाहन मध्य एशिया की क्रान्तियों से विताड़ित होकर भारतवर्ष चला आया, और उसने पंजाब में शालिवाहनपुर *(शालपुर या शाकल)* नाम की राजधानी बसाई। स्मिथ ने जिस दूसरी शक-शाखा का उल्लेख किया है, उसके समय से भट्टियों के इस शालिवाहन का

समय ठीक-ठीक मिल जाता है। शकों के दूसरे अभियान का नेता वही शालिवाहन था, जिसके सम्बन्ध में 'भविष्य पुराण' में लिखा है—

एतस्मिन्नंतरे तत्र शालिवाहन भूपतिः।
विक्रमादित्य पौत्रस्य पितृराज्यं गृहीतवान्॥

कुछ लोग 'पौत्रश्च' अशुद्ध पाठ के द्वारा भ्रान्त अर्थ निकालते हैं जो असंबद्ध है। विक्रमादित्य के पौत्र का राज्य अपहरण करने वाला शालिवाहन विदेशी था। प्रबन्ध चिन्तामणि में भी शालिवाहन को नागवंशीय लिखा है। गजनी से आया हुआ शालिवाहन एक शक था। सम्भवतः उसी ने शक राज्य की स्थापना की थी और शक-संवत् का प्रचार किया। इसके पिता के ऊपर जिस खुरासान के फरीदशाह के आक्रमण की बात कही जाती है; वह पर्थियानरेश 'मिथ्राडोटस' का पुत्र 'फराटस द्वितीय' रहा होगा।

उस काल में युवेची, पार्थियन और शकों में भयानक संघर्ष चल रहा था। गजनी के शकों को भी इसी कारण अपना देश छोड़कर रावी एवं चिनाब के बीच में 'शाकल' बसाना पड़ा। मिथ्राडोटस द्वितीय आदि के शासनकाल में भारतवर्ष का उत्तर-पश्चिमीय भू-भाग बहुत दिनों तक इन्हीं शकों के अधिकार में रहा। कभी पार्थियन, कभी शक और कभी युवेची जाति की प्रधानता हो जाती थी। उसी समय में मालवों को पराजित करके शकों ने पंजाब में अपने राज्य की स्थापना की थी। स्मरण रखना होगा कि मालव से यहाँ उस राष्ट्र का सम्बन्ध है जो पाणिनि के समय में मालव-क्षुद्रकगण कहे जाते थे, और सिकन्दर के समय में 'Malloi and Azodrapai' के नाम से अभिहित थे।

इस प्राचीन मालव की सीमा पंजाब में थी। विक्रमादित्य और शकों का प्रथम कहरूर-युद्ध मुलतान से 40 मील दक्षिण-पूर्व में हुआ, और शालिवाहन के नेतृत्व में शकों के आक्रमण से मालवों को दक्षिण की ओर हटना पड़ा। सम्भवतः वर्तमान मालव देश उसी काल में मिलाया गया और जहाँ पर इन मालवों ने शकों से पराजित होकर अपनी नयी राजधानी बनाई, वह मन्दसोर और उज्जयिनी थी।

शालिवाहन की इस विजय के बाद इसी के वंश के लोग राजस्थान से होते हुए सौराष्ट्र तक फैल गये, और वे पश्चिमीय-क्षत्रप के नाम से प्रसिद्ध हुए। चष्टन और नहपान आदि दक्षिण तक इसकी विजय-वैजयन्ती ले गये। नहपान को कुन्तलेश्वर सातकर्णि ने पराजित किया। 'कथासरित्सागर' से पता चलता है कि भरुकच्छ देश से भी शकों की सत्ता सातकर्णि ने उठा दी और 'कालाप' व्याकरण के प्रवर्तक शर्ववर्म्मा को वहाँ का राज्य दिया। शालिवाहन के सेनापतियों ने दक्षिण में शक-संवत् का अपने शासन-बल से प्रचार किया। उत्तरी भारत में आक्रमण और संघर्ष बराबर होते रहे इसलिए उज्जयिनी में वे अधिक समय तक न ठहर सके। शक क्षत्रपों ने सौराष्ट्र में अपने को दृढ़ किया और नवीन मालव—जिसे दक्षिण मालव

भी कहते हैं—शीघ्र स्वतंत्र होने के कारण अपने पूर्व व्यवहृत मालव-संवत् का ही उपयोग करता रहा।

ऊपर के प्रमाणों से यह सिद्ध करने का प्रयत्न किया गया है कि प्रथम विक्रमादित्य—गन्धर्वसेन का पुत्र—मालवगण का प्रमुख अधिपति रहा। उसने मथुरा वाली शक-शाखा का नाश किया, और दिल्ली का उद्धार करके जैत्रपाल को वहाँ का राज्य दिया।

संवत् 1699 अगहन सुदी पंचमी की लिखी हुई 'अभिज्ञान शाकुन्तल' की प्राचीन प्रति से जो पं. केशवप्रसाद जी मिश्र *(भदैनी, काशी)* के पास है, दो स्थलों के नवीन पाठों का अवतरण यहाँ दिया जाता है—

1. *'आर्ये रसभाववशेषु दीक्षागुरोः श्रीविक्रमादित्य साहसांकस्याभिरूप भूयिष्ठेयं परिषत् अस्यां च कालिदास प्रयुक्तेनाभिज्ञानशाकुन्तलम् नाम्नानवेन नाटकेनोपस्थातव्यमास्माभिः।'*
2. *'भवतु तवबिडौजाःप्राज्यवृष्टिः प्रजासुत्वमपिवितत यज्ञो वज्रिणं भावयेथा। गण शत परिवर्त्तैरेवमन्योन्य कृत्यैर्नियतमुभयलोकानुग्रहश्लाघनीयै।'*

इसमें कृष्णांकित दोनों शब्दों पर ध्यान देने से दो बातें निकली हैं। पहली यह कि जिस विक्रमादित्य का उल्लेख शाकुन्तल में है, उसका नाम विक्रमादित्य है और 'साहसांक' इसकी उपाधि है। दूसरे भरतवाक्य में 'गण' शब्द के द्वारा इन्द्र और विक्रमादित्य के लिए यज्ञ और गण-राष्ट्र—दोनों की ओर कवि का संकेत है। इसमें राजा या सम्राट जैसा कोई सम्बोधन विक्रमादित्य के लिए नहीं है। तब यह विचार पुष्ट होता है कि विक्रमादित्य मालव गण-राष्ट्र का प्रमुख नायक था, न कि कोई सम्राट या राजा। कुछ लोग जैत्रपाल को विक्रमादित्य का पुत्र बताते हैं। हो सकता है इसी के एकाधिपत्य से मालवगण में फूट पड़ी हो और शालिवाहन के द्वितीय शक-आक्रमण में पराजित हुए हों।

चन्द्रगुप्त विक्रमादित्य मालव का अधिपति नहीं था; वह पाटलिपुत्र का विक्रमादित्य था। उसने स्त्री वेश धारण करके किसी शक-नरपति को मार डाला था। पर पश्चिमी मालव और सौराष्ट्र उसके समय में भी अपना स्वतंत्र अस्तित्व रखते थे, क्योंकि नरवर्म्मा और विश्ववर्म्मा का मालव में और स्वामी रुद्रसिंह आदि तीन स्वतंत्र नरपति नाम सौराष्ट्र के शकों के मिलते हैं। इसके लेख आकर उदयगिरि और गोपाद्रि तक ही मिलते हैं। जैसा विक्रमादित्य का चरित्र है, उसके विरुद्ध इसके सम्बन्ध में कुछ गाथाएँ मिलती हैं। अपने पिता समुद्रगुप्त की विजयों के आधार पर और किसी शक-नरपति को मारकर, इसने भी पहली बार विक्रमादित्य की उपाधि धारण कर ली थी। यह असली विक्रमादित्य के बराबर अपने को समझता था।

'कथासरित्सागर' और 'हर्षचरित' से लिये गये अवतरणों पर ध्यान देने से यह विदित होता है कि यह शक-विजय किसी छल से मिली थी। तुआर या

(शिव प्रसाद के मतानुसार पँवार) मालवगण के प्रमुख अधीश्वर से भिन्न यह पाटलिपुत्र का विक्रमादित्य चन्द्रगुप्त था, जिसका समय 385 (400) से प्रारम्भ होकर 413 ई. तक था।

कुछ लोगों का मत था कि मालव का यशोधर्म्मादेव तीसरा विक्रमादित्य था, परन्तु जिस 'राजतरंगिणी' से इसके विक्रमादित्य होने का प्रमाण दिया जाता है उसमें यशोधर्म्मा के साथ विक्रम शब्द का कोई उल्लेख नहीं है। उसके शिलालेखों, सिक्कों में भी इसका नाम नहीं है। यशोधर्म्मा के जयस्तम्भ में हूण मिहिरकुल को पराजित करने का प्रमाण मिलता है, परन्तु, यह शकारि नहीं था। यह अनुमान भी भ्रान्त है कि इसी यशोधर्म्मादेव ने मालव-संवत् के साथ विक्रम नाम जोड़कर विक्रम-संवत् का प्रचार किया, क्योंकि उसी के अनुचरों के शिलालेख में मालवगण स्थिति का स्पष्ट उल्लेख है।

पंचसु शतेसु शरदां यातष्वेकान्नति सहितेषु।
मालवगण स्थिति वशात् कालज्ञानाथ लिखितेषु।

अलबेरूनी के लेख से यह भ्रम फैला है, परन्तु वही अपनी पुस्तक में दूसरी जगह कहरूर युद्ध के विजेता विक्रमादित्य से संवत् प्रचारक विक्रमादित्य को भिन्न मानकर अपनी भूल स्वीकार करता है। डॉ. हार्नेली और स्मिथ कहरूर युद्ध के समय में मतभेद रखते हैं। हार्नेली उसे 544 में और स्मिथ 528 ई. में मानते हैं। कहरूर का रणक्षेत्र कई युद्धों का रंग स्थल है, जैसा कि पिछले काल में पानीपत। शक और हूणों के आक्रमण काल में प्रथम विक्रमादित्य स्कन्दगुप्त और यशोधर्म्मा ने वहीं विजय प्राप्त की। अलबेरूनी ने पिछले युद्ध का ही विवरण सुनकर अपने को भ्रम में डाल दिया। जिन लोगों ने यशोधर्म्मादेव को 'विक्रमादित्य' सिद्ध करने की चेष्टा की है वे 'राजतरंगिणी' के नीचे लिखा हुआ अवतरण प्रमाण में देते हैं—

उज्जयिन्यां श्रीमान्हर्षापराभिध: एकच्छत्रश्चक्रवर्ती विक्रमादित्य इत्यभूत

इस श्लोक के 'श्रीमान् हर्ष' पर भार डालकर असम्भावित अर्थ किया जाता है; पर हर्ष-विक्रमादित्य से यशोधर्म्मा का क्या सम्बन्ध है, यह स्पष्ट नहीं होता। इसी हर्ष-विक्रमादित्य के लिए कहा जाता है कि उसने मातृगुप्त को काश्मीर का राज्य दिया। परन्तु इतिहास में पाँचवीं और छठी शताब्दी में किसी हर्ष नामक राजा के उज्जयिनी पर शासन करने का उल्लेख नहीं मिलता। बहुत दिनों के बाद ईसवीय सन् 970 के समीप मालव में श्रीहर्षदेव परमार का राज्य करना मिलता है। राजतरंगिणी के अनुआर उक्त हर्ष-विक्रमादित्य का काल वही है जब काश्मीर में गान्धार वंश का 'तोरमाण' युवराज था। तोरमाण के शिलालेखों से यह सिद्ध हो जाता है कि उसके पिता तुंजीन वा प्रवरसेन का समकालीन स्कन्दगुप्त मालव का शासक हो सकता है। तब क्या आश्चर्य है कि लेखक के

प्रमाद से 'राजतरंगिणी' में हर्ष का उल्लेख हो गया हो, और शुद्ध पाठ *'श्रीमान् स्कन्दापराभिधः'* हो। क्योंकि इसी तोरमाण ने 500 ई. में गुप्तवंशियों से मालव ले लिया था; तब मातृगुप्त वाली घटना 500 ई. के पहले की है। जो लोग यशोधर्म्मा को विक्रमादित्य मानते हैं, वे यह भी कहते हैं कि मिहिरकुल को पराजित करने में यशोधर्म्मा और नरसिंहगुप्त-बालादित्य दोनों का हाथ था। परन्तु यह भी भ्रम है। नरसिंहगुप्त 528 या 544 ई. तक जीवित ही न थे। यशोधर्म्मा का समकालीन बालादित्य द्वितीय हो सकता है, जो हमारे दिए हुए वंशवृक्ष के देखने से स्पष्ट हो जाएगा।

श्री काशीप्रसाद जायसवाल ने अपने विद्वत्तापूर्ण लेख में यह प्रमाणित किया है कि यशोधर्म्मा कल्कि थे। 'कल्किपुराण' *(जीवानन्द संस्करण)* में लिखा है—

प्रसीद जगतांनाथ धर्मवर्म्मा रमापते॥ अध्याय 3॥
मुने किमत्र कथनं काल्किना धर्मवर्म्मणा॥ अध्याय 4॥

तब 'राजतरंगिणी' का यह अवतरण और भी हमारे मत को पुष्ट करता है कि यशोधर्म्मदेव से पहले विक्रमादित्य हुए थे—

म्लेच्छोच्छेदाय वसुधां हरेरवतरिष्यतः॥
शकान्विनाश्य येनादौ कार्य्य भारो लघूकृतः॥ तरंग 3॥

भावी कल्कि यशोधर्म्मा के कार्यभार को लघु कर देने वाले विक्रमादित्य उनसे 60 ही वर्ष पहले हुए थे और वह थे श्री विक्रमादित्य स्कन्दगुप्त। इस तरह 'राजतरंगिणी' के *'श्रीमान् हर्षापराभिधः'* के शुद्ध पाठ से *'श्रीमान् स्कन्दपराभिधः'* की संगति भी लग जाती है।

इन तीसरे विक्रमादित्य स्कन्दगुप्त के सम्बन्ध में 'कथासरित्सागर का विषमशील लम्बक सविस्तार वर्णन करता है। उज्जयिनीनाथ (*महेन्द्रादित्य*) का पुत्र यह विक्रमादित्य 'म्लेच्छाक्रान्तेचभूलोक' उत्पन्न हुआ और इसने—

मध्यदेशः स सौराष्ट्रः स बाङ्गाङ्गा च पूर्व दिक्
स कश्मीरान्सकौबेरी काष्ठश्च करदीकृता
म्लेच्छसंघाश्च निहताः शेषाश्च स्थापिता वशे।

इतिहास में सम्राट् कुमारगुप्त की उपाधि महेन्द्रादित्य प्रसिद्ध है। इसके चाँदी के सिक्कों पर 'परम भागवत महाराजाधिराज श्री कुमारगुप्त महेन्द्रादित्य' स्पष्ट लिखा मिलता है। इसी के समय में मालव के स्वतंत्र नरेश विश्ववर्म्मा के पुत्र बन्धुवर्म्मा ने अधीनता स्वीकार कर ली। विक्रमाब्द 480 तक गंगधार के शिलालेख द्वारा मालव का स्वतंत्र रहना प्रमाणित है; परन्तु, 529 विक्रमाब्द वाले मन्दसोर के शिलालेख में 493 वि. में कुमारगुप्त की सार्वभौम सत्ता मान ली गई। इससे प्रतीत होता है कि इसी काल में मालव गुप्त साम्राज्य में सम्मिलित हुआ। चन्द्रगुप्त द्वितीय के समय में नरवर्म्मा और विश्ववर्म्मा मालव के स्वतंत्र नरेश थे। कुछ

लोगों का अनुमान है कि नर्मदा के निकटवर्ती पुष्यमित्रों ने जब गुप्त साम्राज्य से युद्ध प्रारम्भ किया था तभी कुमार स्कन्दगुप्त के नेतृत्व में गुप्त साम्राज्य की सेना ने उज्जयिनी पर अधिकार किया। इन्हीं स्कन्दगुप्त का सिक्कों में *'परम भागवत श्री विक्रमादित्य स्कन्दगुप्त'* के नाम से उल्लेख मिलता है। इनके शिलालेख से प्रकट है कि कुललक्ष्मी विचलित थी; म्लेच्छों और हूणों से आर्यावर्त आतंकित था। अपनी सत्ता बनाए रखने के लिए इन्होंने पृथ्वी पर सोकर रातें बितायीं। हूणों के युद्ध में जिसके विकट पराक्रम से धरा विकम्पित हुई, जिसने सौराष्ट्र के शकों का मूलोच्छेद करके पर्णदत्त को वहाँ का शासक नियत किया वे स्कन्दगुप्त ही थे, जूनागढ़ वाले लेख में इसका स्पष्ट उल्लेख है। स्कन्दगुप्त की प्रशंसा में उसमें लिखा है—

आपिच जितमिव तेन प्रथयन्ति यशांसि यस्य
रिपवोप्यामूल भग्नदर्पा निर्वचना म्लेच्छदेशेषु

पर्णदत्त के पुत्र चक्रपालित ने 'सुदर्शन झील' का संस्कार कराया था, उससे अनुमान होता है कि अन्तिम शक क्षत्रप रुद्रसिंह की पराजय वाली घटना ई. सन् 447 के करीब हुई थी। स्कन्दगुप्त को सौराष्ट्र के शकों और तोरमाण के पूर्ववर्ती हूणों से लगातार युद्ध करना पड़ा। इधर वैमातृक भाई पुरगुप्त से आन्तरिक द्वन्द्व भी चल रहा था। उस समय की विचलित राजनीति को स्थिर करने के लिए प्राचीन राजधानी पाटलिपुत्र या अयोध्या से दूर एक केन्द्र स्थल में अपनी राजधानी बनाना आवश्यक था। इसलिए वर्तमान मालव को मौर्यकाल की अवन्ती नगरी को ही स्कन्दगुप्त ने अपने साम्राज्य का केन्द्र बनाया और शक तथा हूणों को परास्त करके उत्तरीय भारत से हूण तथा शकों का राज्य निर्मूल कर 'विक्रमादित्य' की उपाधि धारण की।

'विक्रमादित्य' उपाधि के लिए शकों का नाश करना एक आवश्यक कार्य था। पिछले काल में इसीलिए विक्रमादित्य का एक पर्य्याय 'शकारि' भी प्रचलित था और स्कन्दगुप्त के समय में, सौराष्ट्र के शकों का विनाश होना चक्रपालित के शिलालेख से स्पष्ट है परन्तु यशोधर्म्मा के समय में शकों का राज्य कहीं नहीं था। यही बात 'राजतरंगिणी' के 'शकान्विनाश्य येनादौ कार्य्य भारो लघूकृतः' से भी ध्वनित होती है। मन्दसोर वाले जयस्तम्भ में यशोधर्म्मा का शकों के विजय करने का उल्लेख नहीं है। हूणों के विजय का है। मन्दसोर के यशोधर्म्मा के विजय स्तम्भ का भी वही समय है जो वराहदास या विष्णुवर्द्धन के शिलालेख का है। गोविन्द की उत्कीर्ण की हुई दोनों प्रशस्तियाँ हैं। उसका समय 532 ई. का है। मिहिरकुल ही भारी विदेशी शत्रु था, यह बात उक्त जयस्तम्भ से प्रतीत होती है। मिहिरकुल 532 ई. के पहले पराजित हो चुका था तब वह कौन-सा युद्ध 544 ई. में हुआ था यह नहीं कहा जाता; जिसके द्वारा यशोधर्म्मा के 'विक्रम'

होने की घोषणा की जाती है। इसी से हार्नेली के विरुद्ध स्मिथ ने यशोधर्म्मा द्वारा मिहिरकुल के पराजित होने का काल 528 ई. माना है, परन्तु वे इस युद्ध को 'कहरूर-युद्ध' कहकर सम्बोधित नहीं करते। 'कहरूर-युद्ध' 544 ई. में नहीं हुआ जैसा कि फर्गुसन, कीलहार्न, हार्नेली आदि का मत है—प्रत्युत पहले, बहुत पहले, 458 ई. के समीप, दूसरी बार हो चुका है। सम्भवतः सौराष्ट्र के शक रुद्रसिंह और गान्धार के हूण तुंजीन की सम्मिलित वाहनी को 'कहरूर-युद्ध' में पराजित कर स्कन्दगुप्त ने आर्यावर्त की रक्षा की थी। अच्छा, जब 528 ई. में मिहिरकुल पर विजय निश्चित-सी है तब 'कहरूर-युद्ध' के ऊपर विक्रमादित्य को यशोधर्म्मा माननेवाला सिद्धान्त निर्मूल हो जाता है, क्योंकि 532 के पहले ही यशोधर्म्मा हूण विजय करके सम्राट् आदि पदवी धारण कर चुका था। फिर 544 ई. के काल्पनिक युद्ध की आवश्यकता नहीं है।

'राजतरंगिणी' और 'सुंगयुन' के वर्णन से मिलाने पर प्रतीत होता है कि हूणों का प्रधान केन्द्र गान्धार था। वहीं से हूण राजकुमार अपनी विजयिनी सेना लेकर भिन्न-भिन्न प्रदेशों में राज्य-स्थापन करते गये। राजतरंगिणी का क्रम देखने से तीन राजाओं का नाम आता है—मेघवाहन, तुंजीन और तोरमाण। गान्धार के मेघवाहन के समय में काश्मीर उसके शासन में हो गया था। उसके पुत्र तुंजीन ने काश्मीर की सूबेदारी की थी। यही तुंजीन प्रवरसेन के नाम से प्रसिद्ध हुआ, जिसने झेलम पर पुल बनवाया। 'सेतुबन्ध' नामक प्राकृत काव्य इसी के नाम से अंकित है। गान्धारवंशीय हूण तुंजीन का समय और स्कन्दगुप्त का समय एक है, क्योंकि उसके पुत्र तोरमाण का काल 500 ई. स्मिथ ने सिद्ध किया है। सम्भवतः स्कन्दगुप्त के द्वारा हूणों से काश्मीर राज्य निकल जाने पर मातृगुप्त वहाँ का शासक था।

यह उज्जयिनीनाथ, कुमारगुप्त महेन्द्रादित्य का पुत्र स्कन्दगुप्त विक्रमादित्य ही था। जिसने सौराष्ट्र आदि से शकों का और काश्मीर तथा सीमा प्रान्त से हूणों का राज्यध्वंस किया और सनातन आर्य-धर्म की रक्षा की—म्लेच्छों से आक्रान्त भारत का उद्धार किया। 'भितरी' के स्तम्भ में अंकित—'*जयतिभुजबलाढ्यो गुप्तवंशैकवीरः प्रथित विपुलधामा नामतः स्कन्दगुप्तः विनयबलसुनीतै विक्रमेण क्रमेण*' से स्पष्ट प्रतीत होता है कि स्कन्दगुप्त विक्रमादित्य ही द्वितीय 'कहरूर युद्ध' का विजेता 'तृतीय विक्रम' है।

पिछले काल के स्वर्णसिक्कों को देखकर लोग अनुमान करते हैं कि उसी के समय में हूणों ने फिर आक्रमण किया और स्कन्दगुप्त पराजित हुए। वास्तव में ऐसी बात नहीं। तोरमाण के शिलालेखों के संवत् को देखने से यह विदित होता है स्कन्दगुप्त पहले ही निधन को प्राप्त हुए, और दुर्बल पुरगुप्त के हाथों में पकड़कर तोरमाण के द्वारा गुप्त साम्राज्य का विध्वंस किया गया और गोपाद्रि तक उसके हाथ में चले गये।

कालिदास

विक्रम के साथ कालिदास का कुछ ऐसा सम्बन्ध है कि एक का समय-निर्धारण करने में दूसरे की चर्चा आवश्यक-सी हो जाती है। यह प्रतिपादित किया जा चुका है कि 57 ई. पूर्व में मालव के प्रथम विक्रामादित्य हुए, और दूसरे विक्रमादित्य का समय 385 (400?) ईसवीय से 413 ईसवीय तक है। इनका सम्पूर्ण नाम श्री चन्द्रगुप्त विक्रमादित्य है। ये मगध के सम्राट् थे। सम्भवत: उन्होंने अयोध्या को अपनी राजधानी बनाई थी। तीसरे विक्रमादित्य श्री स्कन्दगुप्त विक्रमादित्य थे। वर्तमान मालव के प्रधान नगर उज्जयिनी उन्होंने अपनी राजधानी बनाई थी। गुप्त राजवंश के अन्तर्कलह का निवारण करने के लिए और हूण तथा शकों से प्राय: मुठभेड़ रहने के कारण इन्हें मगध और कोसल छोड़ना पड़ा।

कालिदास के सम्बन्ध में भी राजशेखर का एक श्लोक जल्हण की 'सूक्ति-मुक्तावली' और हरि कवि की 'सुभाषितावली' में मिलता है।

एकोपि जीयते हन्त कालिदासो न केनचित्
शृंगारे ललितोद्गारे कालिदासत्रयी किमु

एकादश शताब्दी में उत्पन्न हुए, राजशेखर की इस उक्ति से यह प्रकट होता है कि उस शताब्दी तक तीन कालिदास हो चुके थे। परन्तु वर्तमान आलोचकों का मत है कि कालिदास दो तो अवश्य हुए हैं एक 'रघुवंश', 'शाकुन्तल' आदि के कर्ता, और दूसरे 'नलोदय' तथा 'पुष्पवाण-विलास' आदि के रचयिता।

यह विभाग साहित्यिक महत्त्व की दृष्टि से किया गया है। शृंगार-तिलक जैसे साधारण ग्रन्थों को महाकवि कालिदास की कृति वे लोग नहीं मानना चाहते, इसलिए एक छोटे कालिदास को मान लेना पड़ा। बड़े कालिदास के लिए कुछ समीचीन समालोचकों का मत है कि ये 'शाकुन्तल' और 'रघुवंश' के कर्ता, चन्द्रगुप्त द्वितीय विक्रमादित्य के समय में हुए। इनका मत है कि 'आसमुद्रक्षितीशानाम', 'इदंनवोत्थान मिवेन्दुमत्यै', 'ज्योतिष्मतीचन्द्रमसैवरात्रीः' इत्यादि स्थानों में 'इन्दु' और 'चन्द्र' शब्दों से समुद्रगुप्त के वंशधर चन्द्रगुप्त द्वितीय की ओर कालिदास का संकेत है और इसलिए महाकवि कालिदास मगध के गुप्त सम्राट् चन्द्रगुप्त द्वितीय के राजकवि थे।

इधर परांजपे आदि विद्वानों का मत है कि कालिदास ने 'मालविकाग्निमित्र' में शुंगों के इतिहास का सूक्ष्म विवरण दिया है, जैसा कि उस काल में बहुत ही थोड़े समय के पीछे का कवि लिख सकता है। पटवर्धन और वैद्य महोदय कालिदास को 57 ई. पूर्व का मानते हैं। और भी कई विद्वान् उसके समर्थक हैं।

काव्यों में ज्योतिष सम्बन्धी जामित्र और होरा आदि ज्योतिष शास्त्र सम्बन्धी शब्दों को देखकर कुछ लोगों का अनुमान है कि 'रघुवंश' आदि के रचयिता कालिदास छठी शताब्दी में रहे होंगे। उनके नाम से प्रसिद्ध 'ज्योतिर्विदाभरण' ग्रन्थ की भी ज्योतिष सम्बन्धी गणनाओं के अनुसार, अनेक लोगों ने यह स्थिर किया

है कि यह ग्रन्थ भी छठी शताब्दी का है; इसलिए इन ग्रन्थों के रचयिता कालिदास छठी शताब्दी में उत्पन्न हुए और वे यशोधर्म्मादेव के सभासद थे। इस तरह महाकवि कालिदास के सम्बन्ध में तीन सिद्धान्त प्रचलित हैं—

1. 57 ई. पूर्व में मालव में कालिदास हुए।
2. ईसा के चौथे शतक में चन्द्रगुप्त द्वितीय मगध नरेश के समकालीन कालिदास थे।
3. मालव नरेश यशोधर्म्मादेव के सभासद थे।

'शृंगार तिलक' आदि ग्रन्थों के कर्ता कालिदास को प्राय: सब लोग इन महाकवि कालिदास से भिन्न और सबसे पीछे का—सम्भवत: नवम् या दशम् शताब्दी का मानते हैं। हम महाकवि कालिदास के सम्बन्ध में ही विवेचन करना चाहते हैं।

मालव के प्रथम विक्रमादित्य को लोग इसलिए नहीं मानते कि उनका कहीं ऐतिहासिक उल्लेख उन लोगों को नहीं मिला, और विक्रम-संवत् प्राचीन शिलालेखों में मालवगण के नाम से प्रचलित है। परन्तु ऊपर यह प्रमाणित किया गया है कि वास्तव में 57 ई. पूर्व में एक विक्रमादित्य हुए। इस मत को न मानने वाले विद्वानों ने विक्रमादित्य को 'चन्द्रगुप्त द्वितीय' कहकर कालिदास का समय निर्धारित करने का प्रयत्न किया है। 'रघुवंश' में जो संकेत से गुप्तवंशी सम्राटों का उल्लेख है, उसकी संगति इस प्रकार लगाई गई। परन्तु आश्चर्य की बात है कि चन्द्रगुप्त का समय प्रमाणित करने के लिए जो अवतरण दिए गये हैं उनमें चन्द्रगुप्त का तो स्पष्ट उल्लेख है नहीं; हाँ कुमारगुप्त और स्कन्दगुप्त का उल्लेख अधिक और स्पष्ट है। यदि वे सब संकेत भी गुप्तवंशियों के ही सम्बन्ध में मान लिए जायँ, तो यह समझ में नहीं आता कि चन्द्रगुप्त द्वितीय के समसामयिक कवि ने भावी राजाओं का वर्णन कैसे कर दिया। जबकि गुप्तवंश में उत्तराधिकार का नियम निश्चित नहीं था कि ज्येष्ठ पुत्र ही राज्य का अधिकारी हो, समुद्रगुप्त अपनी योग्यता से ही युवराज हुए और चन्द्रगुप्त भी; तब रघुवंश में कुमार और उनके बाद स्कन्दगुप्त का वर्णन कैसे आया? चन्द्रगुप्त के समय गुप्त साम्राज्य का यौवनकाल था, फिर अग्निवर्ण जैसे राजा का चरित्र दिखाकर 'रघुवंश' का अन्त—चन्द्रगुप्त के समसामयिक और उनकी सभा के कालिदास—कैसे लिख सकते हैं? वास्तव में रघुवंश की-सी दशा गुप्तवंश की हुई। अग्निवर्ण के समान ही पिछले गुप्तवंशी विलासी और हीन वैभव हुए। *तब यह मानना पड़ेगा कि गुप्तवंश* का ह्रास भी कालिदास ने देखा था और तब रघुवंश की रचना की थी।

ईसवी पूर्व पहली शताब्दी के कालिदास के लिए भी उधर प्रमाण मिलते हैं। *इसलिए यह समस्या उलझती जा रही है, और इसका मूल कारण है—एक ही कालिदास को काव्य और नाटकों का कर्ता मान लेना। हमारी सम्मति में काव्यकार कालिदास और नाटककार कालिदास भिन्न-भिन्न थे और नलोदय आदि के कर्ता*

कालिदास अन्तिम और तीसरे थे। इस प्रकार जल्हण की 'कालिदास-त्रयी' का भी समर्थन हो जाता है। और सब पक्षों के प्रमाणों की संगति भी लग जाती है। यद्यपि 'शकुन्तला' और 'रघुवंश' का श्रेय एक ही कालिदास को देने का संस्कार बहुत ही प्राचीन है। विश्व-साहित्य के इन दो ग्रन्थ-रत्नों का कर्ता एक कालिदास को न मानने से श्रद्धा बँट जाने का भय इसमें बाधक है। परन्तु पक्षपात और रूढ़ि को छोड़कर विचार करने से यह बात ठीक ही जँचेगी। हम ऊपर कह आये हैं कि कालिदास तीन हुए; परन्तु जो लोग दो ही मानते हैं, वे ही बता सकते हैं कि प्रथम कालिदास तो महाकवि हुए और उन्होंने उत्तमोत्तम नाटक तथा काव्य बना डाले, अब वह कौन-सी बची हुई कृति है जिस पर द्वितीय कवि को 'कालिदास' की उपाधि मिली? क्योंकि यह सहज ही अनुमान किया जा सकता है कि कालिदास की उपाधि 'कालिदास' थी, न कि उनका नाम कालिदास था। जैसी प्राय: किसी वर्तमान कवि को, उसकी शैली की उत्तमत्ता देखकर किसी प्राचीन उत्तम कवि के नाम से सम्बोधित करने की प्रथा-सी है। *अस्तु! हम नाटककार कालिदास को प्रथम और ईसवी पूर्व का कालिदास मानते हैं।* कारण—

1. नाटककार कालिदास ने गुप्तवंशीय किसी राजा का संकेत से भी उल्लेख अपने नाटकों में नहीं किया।
2. 'रघुवंश' आदि असुरों के उत्पात और उनसे देवताओं की रक्षा के वर्णन से भरा साहित्य है। नाटकों में उस तरह का विश्लेषण नहीं। काव्यकार कालिदास का समय हूणों के उत्पात और आतंक से पूर्ण था। नाटकों में इस भाव का विकास इसलिए नहीं है कि वह शकों के निकल जाने पर सुख-शान्ति का काल है। 'मालविकाग्निमित्र' में सिन्धु तट पर विदेशी यवनों का हराया जाना मिलता है। यवनों का राज्य उस समय उत्तरी भारत से उखड़ चुका था। 'शाकुन्तल' में हस्तिनापुर के सम्राट् 'वनपुष्प' मालाधारिणी यवनियों से सुरक्षित दिखाई देते हैं। यह सम्भवत: उस प्रथा का वर्णन है जो यवन सिल्यूकस-कन्या से चन्द्रगुप्त का परिणय होने पर मौर्य और उसके बाद शुंग वंश में प्रचलित रही हो। यवनियों का व्यवहार क्रीतदासी और परिचारिकाओं के रूप से राजकुल में था। यह काल ईसवी पूर्व पहली शताब्दी में रहा होगा। नाटककार कालिदास 'मालविकाग्निमित्र' में राजसूय का स्मरण करने पर भी बौद्ध प्रभाव से मुक्त नहीं थे। क्योंकि शाकुन्तल में धीवर के मुख से कहलाया है—'पशुमारणकर्म्मा दारुणोप्यनुकम्पा मृदुरेव श्रोत्रिय:'—और भी—'सरस्वती श्रुतिर्महती न हीयताम्'। इन शब्दों पर बौद्ध धर्म की छाप है। नाटककार ने अपने पूर्ववर्ती नाटककारों के जो नाम लिये हैं, उनमें सौमिल्ल और कविपुत्र के नाट्यरत्नों का पता नहीं। भास के नाटकों को चौथी शताब्दी ईसवी पूर्व माना गया है।

3. नाटककार ने 'मालविकाग्निमित्र' की कथा का जिस रूप में वर्णन किया है, वह उसके समय से बहुत पुरानी नहीं जान पड़ती। शुंगवंशियों के पतन-काल में विक्रमादित्य का मालवगण-राष्ट्रपति के रूप में अभ्युदय हुआ। उसी काल में कालिदास के होने से शुंगों की चर्चा बहुत ताजी-सी मालूम होती है।
4. 'जामित्र' और 'होरा' इत्यादि शब्द, जिनका प्रचार भारत में ईसा की पाँचवीं शताब्दी के समीप हुआ है, नाटक में नहीं पाये जाते। और 'शाकुन्तल' की जिस प्रति का हम उल्लेख कर चुके हैं उसमें स्पष्टरूपेण विक्रमादित्य से गणराष्ट्र का सम्बन्ध संकेतित है, और कालिदास का उस नाटक का स्वयं प्रयोग करना भी ध्वनित होता है। यह अभिनय 'साहसांक' उपाधिधारी विक्रमादित्य नाम के मालव-गणपति की परिषद् में हुआ था। इसलिए नाटककार कालिदास ईसवी पूर्व पहली शताब्दी के हैं।
5. नाटकों की प्राकृत में मागधी-प्रचुर प्राकृत का प्रयोग है। उस प्राकृत का प्रचार भारत में सैकड़ों वर्ष पीछे हुआ था। पाँचवीं-छठी शताब्दी में महाराष्ट्री-प्राकृत प्रारम्भ हो गई थी और उस काल के ग्रन्थों में उसी का व्यवहार मिलता है। 'शाकुन्तल' आदि की प्राकृत में बहुत से प्राचीन प्रयोग मिलते हैं जिनका व्यवहार छठी शताब्दी में नहीं था।

इसलिए नाटककार कालिदास का होना, विक्रमादित्य प्रथम (मालवपति) के समय—ईसवी पूर्व पहली शताब्दी में ही निर्धारित किया जा सकता है।

काव्यकार कालिदास अनुमान से पाँचवीं शताब्दी के उत्तरार्द्ध और छठी शताब्दी के पूर्वार्द्ध में जीवित थे। वे काश्मीर के थे, ऐसा लोगों का मत है। 'मेघदूत' में जो अलका का वर्णन है, वह काश्मीर-वियोग का वर्णन है। यदि ये काश्मीर के न होते तो विल्हण को यह लिखने का साहस न होता।

सहोदरा कुंकुमकेसराणां सार्धन्तनूनं कविताविलासा।
न शारदादेशप्तपास्य दृष्टस्तेषां यदन्यत्र मयाप्रोहः ॥

500 वर्ष के प्राचीन 'पराक्रम बाहु चरित' में इसका उल्लेख है कि सिंहल के राजकुमार धातुसेन *(कुमारदास)* से कालिदास की बड़ी मित्रता थी। उसने कालिदास को वहाँ बुलाया। *(महावंश के अनुसार इनका राज्यकाल 511 से 524 ई. तक है)* यह राजा स्वयं अच्छा कवि था। 'जानकी हरण' इसका बनाया हुआ ग्रन्थ है।)

जानकी हरणं कर्त्तु रघुवंशेस्थिते सति
कविकुमारदासो वा रावणो वा यदिक्षमः

सोढ्ढल की बनाई हुई 'उदय-सुन्दरी-कथा' में एक श्लोक है—

ख्यातः कृती कोपि च कालिदासः शुद्धासुधास्वादुमती च यस्य
वाणीमिषाच्चण्ड मरीचिगोत्र सिन्धोः परम्पारमवाप कीर्तिः।
वभूवुरन्योपि कुमारदासः इत्यादि।

हमारा अनुमान है कि 'सिन्धोः परम्पार' में कालिदास और कुमारदास के सम्बन्ध की ध्वनि है।

'ज्योतिर्विदाभरण' को बहुत से लोग ईसवीय छठी शताब्दी का बना हुआ मानते हैं। और हम भी कहते हैं कि वह ईसवीय पाँचवीं शताब्दी के अन्त और छठी के प्रारम्भ में होने वाले कालिदास की कृति है। नाटककार के पीछे भिन्न एक दूसरे कालिदास के होने का, और केवल काव्यकार का, उसमें एक स्पष्ट प्रमाण है।

काव्यत्रयं सुमतिकृद्रघुवंश पूर्व ततोननुकियच्छु तिकर्म्मावादः।
ज्योतिर्विदाभरणकालविधानशास्त्रं श्री कालिदास कवितोहि ततोबभूव॥

इस श्लोक में छठी और पाँचवीं शताब्दी के ज्योतिर्विदाभरणकार कालिदास अपने को केवल काव्यत्रयी का ही कर्ता मानते हैं, नाटकों का नाम नहीं लिया है। इसलिए यह दूसरे कालिदास—नृपसखा कालिदास या दीपशिखा कालिदास कहिए—पाँचवीं-छठी शताब्दी के कालिदास हैं। *'अस्तिकश्चिद्वाग् विशेषः'* वाली किंवदन्ती भी यही सिद्ध करती है कि काव्यकार कालिदास नाटककार से भिन्न हुए। 'कालिदास' उनकी उपाधि हुई परन्तु वास्तविक नाम क्या था?

'राजतरंगिणी' में एक 'विक्रमादित्य' का वर्णन है, जिसने प्रसन्न होकर काश्मीर देश का राज्य 'मातृगुप्त' नाम के कवि को दे दिया था। डॉ. भाउदाजी का मत है कि यह मातृगुप्त ही कालिदास हैं। *मेरा अनुमान है कि यह मातृगुप्त कालिदास तो थे, परन्तु द्वितीय और काव्यकर्ता कालिदास थे। प्रवरसेन, मातृगुप्त और विक्रमादित्य—ये परस्पर समकालीन व्यक्ति छठी शताब्दी के माने जाते हैं।*

महाराष्ट्री भाषा का काव्य 'सेतुबन्ध' *(दह मुह बह)* प्रवरसेन के लिए कालिदास ने बनाया था। ऊपर हम यह कह आये हैं कि मातृगुप्त का वही समय है जो काश्मीर में प्रवरसेन का है। इनका नाम 'तुंजीन' भी था। सम्भवतः इसी सभा में रहकर कालिदास ने अपनी जन्मभूमि काश्मीर में यह अपनी पहली कृति बनायी, क्योंकि उस समय प्राकृत का प्रचार काश्मीर में अधिक था और वही प्राकृत है, जो उस समय समस्त भारतवर्ष में राष्ट्रभाषा के रूप में व्यवहृत थी, इसलिए इसका नाम महाराष्ट्री था।

कुछ लोगों का विचार है कि यह काव्य कालिदास का नहीं है क्योंकि पहले विष्णु की स्तुति के रूप में मंगलाचरण किया गया है, परन्तु यह तर्क निस्सार है। कारण, 'रघुवंश' में विष्णु की स्तुति कालिदास ने की है। और 'सेतुबन्धु' में तो स्पष्ट रूप से लिखा मिलता है कि 'इ अ सिरि पवर सेण विरइए कालिदास कए' जब यह काव्य प्रवरसेन के लिए बनाया गया तो यह आवश्यक है कि

उनके आराध्य विष्णु की स्तुति की जाय। प्रवरसेन ने जय स्वामी नामक विष्णु की मूर्ति बनवाई थी। *वस्तुतः कालिदास के लिए शिव और विष्णु में भेद नहीं था। जैसा कि हम ऊपर कह आये हैं, 'शाकुन्तल' के प्राकृत से 'सेतुबन्ध' प्राकृत अत्यन्त अर्वाचीन है, इसलिए उसे काव्यकार कालिदास का मान लेने में कोई आपत्ति नहीं है।* कालिदास के संस्कृत काव्यों तथा इस महाराष्ट्री काव्य में कल्पना शैली और भाव का भी साम्य है। कुछ उदाहरण लीजिए—

वैदेहि पश्यामलयाद्विभक्तं मत्सेतुनाफेनिलमम्बुराशिम् —(रघुवंश)
दीसई सेउ महा वह दोहाइअ पुब्ब पच्छिम दिसा भाअम् —(सेतुबन्ध)
छाया पथेनेव शरत्प्रसन्नमाकाशमाविष्कृत चारुतारम् —(रघुवंश)
मलअसुवेलालग्गो पडिट्ठिओ णहणि हम्मिसागर सलिले —(सेतुबन्ध)
रत्नच्छाया व्यतिकर इव प्रेक्ष्यमेतत्पुरस्तात् —(मेघदूत)
पिणअअच्छाआवइ अरसामलइअसाअरोअर जलद्धन्तं —(सेतुबन्ध)

ऐसा जान पड़ता है कि किसी कारण से प्रवरसेन और मातृगुप्त *(कालिदास)* में अनबन हो गई, और उसे राज्यसभा तथा काश्मीर को छोड़कर मालव आना पड़ा। शास्त्री महोदय के उस मत का निराकरण किया जा चुका है कि यशोधर्म्मा देव विक्रमादित्य नहीं थे। फिर सम्भवतः इन्हें स्कन्दगुप्त विक्रमादित्य का ही आश्रित मानना पड़ेगा। क्योंकि तुंजीन और तोरमाण के समय में काश्मीर आपस के विग्रह के कारण अरक्षित था। उज्जयिनी के विक्रमादित्य के लिए यह मिलता भी है कि उसने 'सकाश्मीरान्सकौबेरी काष्ठाश्च करदीकृता।' यह स्कन्दगुप्त विक्रमादित्य की ही वदान्यता थी कि काश्मीर विजय करके उसे मातृगुप्त को दान कर दिया।

चीनी यात्री ह्वेनसांग ने लिखा है कि कुमारगुप्त की सभा में दिङ्नाग के दादागुरु मनोरथ को हराने में कालिदास की प्रतिभा ने काम किया था। कुमारगुप्त का समय 455 ई. तक है। किशोर मातृगुप्त ने कुमारगुप्त के समय में ही विद्या का परिचय दिया। मनोरथ के शिष्य बसुबन्धु और उनका शिष्य दिङ्नाग था, जिसने कालिदास के काव्यों की कड़ी आलोचना की थी। सम्भवतः उसी का प्रतिकार *'दिङ्नागानां पथिपरिहरन् स्थूल हस्ताबलेपान्'* से किया गया है क्योंकि प्राचीन टीकाकार मल्लिनाथ भी इसको मानते हैं। दिङ्नाग का गुरु बसुबन्धु अयोध्या के विक्रमादित्य का सुहृद् था। बौद्ध विद्वान् परमार्थ ने उसकी जीवनी लिखी है। इधर वामन ने काव्यालंकारसूत्र वृत्ति के अधिकरण 3, अध्याय 2 में साभिप्रायत्व का उदाहरण देते हुए एक श्लोकार्ध उद्धृत किया है—

सोऽयं सम्प्रति चन्द्रगुप्त तनयश्चन्द्रप्रकाशो युवा
जातो भूपतिराश्रयः कृतधियां दिष्टया कृतार्थश्रमः
'आश्रयः कृतधियामित्यस्य बसुबन्धु साचिव्योपक्षेप परत्वात्साभिप्रायत्वम्'

यह अयोध्या के विक्रमादित्य चन्द्रगुप्त[1] का तनय चन्द्रप्रकाश युवा कुमारगुप्त हो सकता है। बसुबन्धु के गुरु मनोरथ का अन्त और उसका सभा में पराजित होना स्वयं बौद्धों ने कालिदास के द्वारा माना है। इसी द्वेष से दिङ्नाग कालिदास का प्रतिद्वन्द्वी बना। तब यह मान लेने में कोई भ्रम नहीं होता कि मातृगुप्त किशोरावस्था में कुमारगुप्त की सभा में थे। वही कालिदास स्कन्दगुप्त विक्रमादित्य के सहचर थे। कुमारगुप्त का नामांकित एक काव्य भी कुमारसम्भव बनाया। यह बात तो अब बहुत से विद्वान् मानने लगे हैं कि कालिदास के काव्यों में गुप्तवंश का व्यंजना से वर्णन है। हूणों के उत्पात और उनसे रक्षा करने के वर्णन का पूर्ण आभास कुमारसम्भव में है।

स्कन्दगुप्त के भीतरी वाले शिलालेख में एक स्थान पर उल्लेख है—

'क्षिपतितलशयनीये येन नीता त्रियामा'

जो 'रघुवंश में भी मिलता है—

सललितकुसुमप्रवालश्य्यां, ज्वलितमहौषधिदीपिकासनाथाम्।
नरपति रतिवाहयां वभूव क्वचिद् समेतपरिच्छद स्त्रियामाम्॥

स्कन्दगुप्त के शिलालेखों में जो पद्य रचना है, वह वैसी ही प्रांजल है जैसी रघुवंश की—*'व्यपेत्य सर्वान्मनुजेन्द्र पुत्रान् लक्ष्मीः स्वयं यं वरयांचकार'* इत्यादि में रघुवंश की सी ही शैली दीख पड़ती है। *'स्कन्देन साक्षादिव देवसेनाम्'* इत्यादि में स्कन्दगुप्त का स्पष्ट उल्लेख भी है और कुमारगुप्त के तो बहुत उल्लेख हैं। रघुवंश के 5, 6, 7 सर्गों में तो अज के लिए कुमार शब्द का प्रयोग कम से कम ग्यारह बार है।

विक्रमादित्य के जीवन के सम्बन्ध में यह प्रसिद्ध है कि उनका अन्तिम जीवन पराजय और दुःखों से सम्बन्ध रखता है। वस्तुतः चन्द्रगुप्त के जीवन काल में साम्राज्य की वृद्धि के अतिरिक्त उसका ह्रास नहीं हुआ। यह स्कन्दगुप्त के समय में ही हुआ कि उसे अनेक षड्यंत्रों, विपत्तियों तथा कष्टों का सामना करना पड़ा। जिस समय पुरगुप्त के अन्तर्विद्रोह से मगध और अयोध्या छोड़कर स्कन्दगुप्त विक्रमादित्य ने उज्जयिनी को अपनी राजधानी बनायी, और साम्राज्य

1. विक्रमादित्य इत्यासीद्राजा पाटलिपुत्र के (कथासरित्सागर)
यह द्वितीय चन्द्रगुप्त विक्रमादित्य के लिए आया है। बौद्धों ने अयोध्या में इसकी राजधानी लिखा है। सम्भवतः मगध की साम्राज्य सीमा बढ़ने पर अयोध्या में सम्राट् कुछ दिनों के लिए रहने लगे हों परन्तु उज्जयिनी में इसका शासन होना किसी भी लेखक ने नहीं लिखा है। इसके पुत्र कुमारगुप्त ने 'महोदय' को विशेष आदर दिया क्योंकि साम्राज्य धीरे-धीरे उत्तर-पश्चिम की ओर बढ़ रहा था। वस्तुतः उस समय राज्य की उत्तरोत्तर वृद्धि के साथ गुप्त सम्राट् लोग कुसुमपुर की प्रधानता रखते हुए सुविधानुसार अपने रहने का स्थान बदलते रहे हैं; क्योंकि उन्हें सैनिक केन्द्रों का बराबर परिवर्तन करना पड़ता था।

का नया संगठन हो रहा था उसी समय मातृगुप्त को काश्मीर का शासक नियुक्त किया गया। यह समय ईसवीय सन् 450 से 500 के बीच पड़ता है। 467 ई. में स्कन्दगुप्त विक्रमादित्य का अन्त हुआ। उसी समय मातृगुप्त *(कालिदास)* ने काश्मीर का राज्य स्वयं छोड़ दिया और काशी चले आये। अब बहुत से लोग इस बात की शंका करेंगे कि कहाँ उज्जयिनी कहाँ मगध, कहाँ काश्मीर फिर काशी, और सबके बाद सिंहल जाना—यह बड़ा दूरान्वय-सम्बन्ध है। परन्तु उस काल में सिंहल और भारत का बड़ा सम्बन्ध था। महाराज समुद्रगुप्त के समय में सिंहल के राजा मेघवर्ण ने उपहार भेजकर बोधगया में विहार बनाने की प्रार्थना की थी; महावंश और समुद्रगुप्त के लेख में इसका संकेत है और महाबोधि विहार सिंहल के राजकुल की कीर्ति है। तब से सिंहल के राजकुमार और राजकुल के भिक्षु इस विहार में बराबर आते रहते थे। बोधगया से लाया गया पटना म्यूजियम में एक शिलालेख है—(नम्बर 113); यह प्रमाण प्रख्यात कीर्ति का है—*'लङ्काद्वीप नरेन्द्राणां श्रमण: कुलजोभवत्। प्रख्यातकीर्ति धर्मात्मा स्वकुलाम्बर चन्द्रमा।'* महानामन् के शिलालेख से इसकी पुष्टि होती है।

संयुक्तागमिनो विशुद्धरजस: सत्वानुकम्पोद्यता
शिष्यायस्य सकृद्विचेरुरतुलांलंकाचलोपत्यकां
तेभ्य: शीलगुणान्वितश्च शतश: शिष्या: प्रशिष्या: कमात्
जातास्तुङ्गनरेन्द्रवंशतिलका: प्रोत्सृज्य राज्यश्रियम्

जब राजकुल के श्रमण और राजपुत्र लोग यहाँ तीर्थयात्रा के लिए बराबर आते थे, और संस्कृत कविता का प्रचार भी रहा हो, तब उस काल के सर्वोच्च कवि की मैत्री की इच्छा स्वाभाविक है। और उस नष्टाश्रय महाकवि के साथ मैत्री करने में अपने को धन्य समझने वाले कुमारदास की कथा में अविश्वास का कारण नहीं है। यदि स्कन्दगुप्त विक्रमादित्य के मरने पर दुखी होकर राजमित्र के पास इनका सिंहल जाना ठीक है, तो यह कहना होगा कि 'मेघदूत' उसी समय का काव्य है और देवगिरि की स्कन्दराज प्रतिमा उनकी आँखों से देखी हुई थी, जिसका वर्णन उन्होंने 'देवपूर्वगिरि ते' वाले श्लोक में किया है। यदि 524 ई. तक कालिदास का जीवित रहना ठीक है तो उन्होंने गुप्तवंश का ह्रास भी भली-भाँति देखा अथवा सुना होगा। रघुवंश में वैसा ही अन्तिम पतन-पूर्ण वर्णन भी है। कुमारदास का सिंहल का राजा उसी काल में होना और सिंहल में कालिदास के जाने की रूढ़ि उस देश में माना जाना, उधर चीनी यात्री द्वारा वर्णित कालिदास का मनोरथ को हराना, दिङ्नाग और कालिदास का द्वन्द्व, विक्रमादित्य और मातृगुप्त की कथा का 'राजतरंगिणी' में उसी काल का उल्लेख, हूण राजकुल में सुंगयुन के अनुसार विग्रह; काश्मीर युद्ध की देखी हुई घटना—ये सब बातें आकर एक सूत्र में ऐसी मिल जाती हैं कि दूसरे काव्यकार कालिदास को विक्रम-सखा,

दीपशिखा, कालिदास को मातृगुप्त मानने में कुछ भी संकोच नहीं होता—जैसा डॉ. भाऊदाजी का मत है।

विक्रमांक के समान भोज के पिता सिन्धुराज की पदवी साहसांक थी। पद्मगुप्त परिमल ने नवसाहसांक-चरित बनाया था। तंजौर वाली 'साहसांक-चरित' की प्रति में इनको भी कालिदास लिखा है। बहुत सम्भव है कि यह तीसरे कालिदास बंगाल के हों, जैसा कि बंगाली लोग मानते हैं। ऋतुसंहार, पुष्पवाण-विलास, शृंगार-तिलक और अश्वघाटी काव्यों के रचयिता सम्भवत: यही तीसरे कालिदास हो सकते हैं।

—जयशंकर प्रसाद

गुप्त राजवंश

श्री गुप्त (ई. 275-300)
(कुछ इसका नाम केवल 'गुप्त' लिखते हैं। श्री सम्मान सूचक है)

|

घटोत्कच गुप्त (ई. 300-320)
(इस नाम के साथ 'गुप्त' शब्द नहीं मिलता)

|

चन्द्रगुप्त (ई. 320-335)
(यही पहला स्वतंत्र गुप्त वंशी राजा हुआ। वैशाली के लिच्छिवियों के यहाँ इसका ब्याह हुआ)

|

समुद्रगुप्त (ई. 335-385)
(गुप्तवंश का परम प्रतापी, भारत विजेता सम्राट, राजसूय और अश्वमेध यज्ञ किया)

|

चन्द्रगुप्त विक्रमादित्य (ई. 385-413)
(पाटलिपुत्र का विक्रमादित्य, जिसे लोग चन्द्रगुप्त द्वितीय विक्रमादित्य कहते हैं)

|

कुमारगुप्त महेन्द्रादित्य (ई. 413-455)
(मालव-विजेता, आख्यायिकाओं के विक्रमादित्य का पिता महेन्द्रादित्य)

|

(स्कन्दगुप्त विक्रमादित्य (ई. 455-467)
(उज्जयिनी का द्वितीय विक्रमादित्य। महान वीर। इसके चाँदी के सिक्कों पर परम भागवत् श्री विक्रमादित्य स्कन्दगुप्त अंकित है)

पुरगुप्त प्रकाशादित्य (ई. 467-469)

(इसके सोने के सिक्कों पर 'श्रीविक्रमा' भी मिलता है। परन्तु प्रकाशादित्य नाम वाले सिक्के भी इसी के हैं, जिन्हें उज्जयिनी में स्कन्दगुप्त के शासनकाल में मगध में इसने स्वतंत्र रूप से ढलवाये, फिर स्कन्दगुप्त के मरने पर उसकी उपाधि 'श्रीविक्रमा' भी ग्रहण कर ली होगी)

नरसिंहगुप्त बालादित्य (ई. 469-473)

(यह प्रथम बालादित्य है, जिसे राजतंरगिणीकार ने भ्रम से विक्रमादित्य का भाई लिखा है। और वह यशोधर्म्मा का भी समकालीन नहीं था)

कुमारगुप्त विक्रमादित्य द्वितीय (ई. 473-476)

(कई विद्वान् कुमारगुप्त को स्कन्दगुप्त का उत्तराधिकारी मानते हैं। परन्तु यह ठीक नहीं। भीतरी के 'सील' से यह स्पष्ट हो जाता है कि कुमारगुप्त द्वितीय परगुप्त का पुत्र था। सारनाथ वाले शिलालेख का कुमारगुप्त और भीतरी के 'सील' का कुमार, दोनों एक ही व्यक्ति हैं, जिसका उत्तराधिकारी बुधगुप्त था—जिसके राज्यकाल में मालव पर हूणों का अधिकार हुआ। मन्दसोर के शिलालेख में जिस कुमारगुप्त का उल्लेख है, उस काल (493 वि.) में बन्धुवर्म्मा का राज्य मालव पर था, उक्त 436 ई. में कुमारगुप्त प्रथम का राज्य था। और उसी शिलालेख में जो 529 वि. का उल्लेख है, वह उस मन्दिर के जीर्णोद्धार का है—'संस्कारितमिदंभूयः श्रेण्या भानुमतो गृहं'—से यह स्पष्ट है)

बुधगुप्त परादित्य? (ई. 478-494)

(इसके समय में मगध-साम्राज्य के बड़े-बड़े प्रदेश अलग हुए। इसका राज्य केवल मगध, अंग और काशी तक ही रह गया था)

तथागतगुप्त परमादित्य? (ई. 494-510)
(जोन एलन के मतानुसार यहाँ घटोत्कच का नाम होना चाहिए। परन्तु ह्वेनसांग ने लिखा है कि यशोधर्म्मा के साथ मिहिर-कुल को हराने वाले बालादित्य के पिता का नाम तथागतगुप्त था। इससे हम भानुगुप्त के पिता का नाम तथागतगुप्त ही मानने को बाध्य होते हैं)

|

भानुगुप्त बालादित्य (ई. 510-534)
(जब हूणों से मालव का उद्धार यशोधर्म्मादेव ने किया उस समय मगध को इसी बालादित्य ने बचाया। इसी की ओर से एरिकिण में गोपराज ने युद्ध किया। सारनाथ में इसी का लेख मिला है—तद्वंश सम्भवो बालादित्यो नृपः प्रीत्य प्रकटादित्ये।) No 79, Plate XYIIIC

|

वज्रगुप्त प्रकटादित्य (ई. 534-540)
(प्रकटादित्य वज्रगुप्त की उपाधि है। इसी वज्रगुप्त के समय में मालव के शीलादित्य ने मगध छीन लिया तब से गुप्त वंश का प्राधान्य लुप्त हुआ।)

मालव राजवंश

सिंह वर्म्मा
(समुद्रगुप्त का समकालीन)

- चन्द्रवर्म्मा (पुष्करण-राज)
(गंगाधर के शिलालेख में वर्णित स्वतंत्र नरेश)
- नरवर्म्मा (मालव-राज)
  - विश्ववर्म्मा (मालव-राज)
    - बन्धुवर्म्मा का भाई—भीमवर्म्मा (सम्भवतः कौशाम्बी का सामन्त राजा, स्कन्दगुप्त का (समसामयिक)
    - बन्धुवर्म्मा (मालव-राज)
(गुप्त साम्राज्य के अधीन हुआ)

पात्र-परिचय

स्कन्दगुप्त	:	युवराज (विक्रमादित्य)
कुमारगुप्त	:	मगध का सम्राट्
गोविन्दगुप्त	:	कुमारगुप्त का भाई
पर्णदत्त	:	मगध का महानायक
चक्रपालित	:	पर्णदत्त का पुत्र
बन्धुवर्म्मा	:	मालव का राजा
भीमवर्म्मा	:	बन्धुवर्म्मा का भाई
मातृगुप्त	:	काव्यकर्ता कालिदास
प्रपंचबुद्धि	:	बौद्ध कापालिक
शर्वनाग	:	अन्तर्वेद का विषयपति
कुमारदास (धातुसेन)	:	सिंहल का राजकुमार
पुरगुप्त	:	कुमारगुप्त का छोटा पुत्र
भटार्क	:	नवीन महाबलाधिकृत
पृथ्वीसेन	:	मंत्री कुमारामात्य
खिंगिल	:	हूण आक्रमणकारी
मुद्गल	:	विदूषक
प्रख्यातकीर्ति	:	लंका राज-कुल का श्रमण, महाबोधि-विहार-स्थिविर महाप्रतिहार, महादंडनायक, नन्दीग्राम का दंडनायक, प्रहरी, सैनिक इत्यादि।
देवकी	:	कुमारगुप्त की बड़ी रानी—स्कन्द की माता
अनन्तदेवी	:	कुमारगुप्त की छोटी रानी—पुरगुप्त की माता
जयमाला	:	बन्धुवर्म्मा की स्त्री—मालव की रानी
देवसेना	:	बन्धुवर्म्मा की बहिन
विजया	:	मालव के धनकुबेर की कन्या
कमला	:	भटार्क की जननी
रामा	:	शर्वनाग की स्त्री
मालिनी	:	मातृगुप्त की प्रणयिनी सखी, दासी इत्यादि

प्रथम अंक

प्रथम दृश्य

[उज्जयिनी में गुप्त साम्राज्य का स्कन्धावार]

स्कन्दगुप्त : (टहलते हुए) अधिकार सुख कितना मादक और सारहीन है। अपने को नियामक और कर्ता समझने की बलवती स्पृहा उससे बेगार कराती है! उत्सवों में परिचारक और अस्त्रों में ढाल से भी अधिकार-लोलुप मनुष्य क्या अच्छे हैं? *(ठहरकर)* उँह! जो कुछ हो, हम तो साम्राज्य के एक सैनिक हैं।

पर्णदत्त : *(प्रवेश करके)* युवराज की जय हो।

स्कन्दगुप्त : आर्य पर्णदत्त का स्वागत करता हूँ। सेनापति की क्या आज्ञा है?

पर्णदत्त : मेरी आज्ञा! युवराज! आप सम्राट के प्रतिनिधि हैं; मैं तो आज्ञाकारी सेवक हूँ। इस वृद्ध ने गरुड़ध्वज लेकर आर्य चन्द्रगुप्त की सेना का संचालन किया है। अब भी गुप्त-साम्राज्य की नासीर-सेना में—उसी गरुड़ध्वज को छाया में पवित्र क्षात्रधर्म का पालन करते हुए उसी के मान के लिए मर-मिटूँ, यही कामना है। गुप्तकुलभूषण! आशीर्वाद दीजिए, वृद्ध पर्णदत्त की माता का स्तन्य लज्जित न हो।

स्कन्दगुप्त : आर्य! आपकी वीरता की लेखमाला शिप्रा और सिन्धु की लोल-लहरियों से लिखी जाती है। शत्रु भी उस वीरता की सराहना करते हुए सुने जाते हैं। तब भी सन्देह!

पर्णदत्त : सन्देह दो बातों से है युवराज!

स्कन्दगुप्त : वे कौन-सी हैं?

पर्णदत्त : अपने अधिकारों के प्रति आपकी उदासीनता और अयोध्या में नित्य नये परिवर्तन।

स्कन्दगुप्त : क्या अयोध्या का कोई नया समाचार है?

पर्णदत्त : सम्भवतः सम्राट् तो कुसुमपुर चले गये हैं, और कुमारामात्य महाबलाधिकृत वीरसेन ने स्वर्ग की ओर प्रस्थान किया।

स्कन्दगुप्त : क्या! महाबलाधिकृत अब नहीं हैं? शोक!

पर्णदत्त : अनेक समरों के विजेता, महामानी, गुप्त-साम्राज्य के महाबलाधिकृत अब इस लोक में नहीं हैं। इधर प्रौढ़ सम्राट् के विलास की मात्रा बढ़ गई है।

स्कन्दगुप्त : चिन्ता क्या! आर्य! अभी तो आप हैं, तब भी मैं ही सब विचारों का भार वहन करूँ, अधिकार का उपयोग करूँ! वह भी किसलिए?

पर्णदत्त : किसलिए? त्रस्त प्रजा की रक्षा के लिए, सतीत्व के सम्मान के लिए देवता, ब्राह्मण और गौ की मर्यादा में विश्वास के लिए आतंक से प्रकृति को आश्वासन देने के लिए आपको अपने अधिकारों का उपयोग करना होगा। युवराज! इसीलिए मैंने कहा था कि आप अपने अधिकारों के प्रति उदासीन हैं, जिसकी मुझे बड़ी चिन्ता है। गुप्त-साम्राज्य के भावी शासक को अपने उत्तरदायित्व का ध्यान नहीं!

स्कन्दगुप्त : सेनापते! प्रकृतिस्थ होइए! परम भट्टारक महाराजाधिराज अश्वमेध-पराक्रम श्रीकुमारगुप्त महेन्द्रादित्य के सुशासित राज्य की सुपालित प्रजा को डरने का कारण नहीं है। गुप्त-सेना की मर्यादा की रक्षा के लिए पर्णदत्त सदृश महावीर अभी प्रस्तुत हैं।

पर्णदत्त : राष्ट्रनीति, दार्शनिकता और कल्पना का लोक नहीं है। इस कठोर प्रत्यक्षवाद की समस्या बड़ी कठिन होती है। गुप्त-साम्राज्य की उत्तरोत्तर वृद्धि के साथ उसका दायित्व भी बढ़ गया है; पर उस बोझ को उठाने के लिए गुप्तकुल के शासक प्रस्तुत नहीं, क्योंकि साम्राज्य-लक्ष्मी को वे अब अनायास और अवश्य अपनी शरण आनेवाली वस्तु समझने लगे हैं।

स्कन्दगुप्त : आर्य! इतना व्यंग्य न कीजिए, इसके कुछ प्रमाण भी हैं?

पर्णदत्त : प्रमाण! प्रमाण अभी खोजना है? आँधी आने के पहले आकाश जिस तरह स्तम्भित हो रहता है, बिजली गिरने से पूर्व जिस प्रकार नील कादम्बिनी का मनोहर आवरण महाशून्य पर चढ़ जाता है, क्या वैसी ही दशा गुप्त-साम्राज्य की नहीं है?

स्कन्दगुप्त : क्या पुष्यमित्रों के युद्ध को देखकर वृद्ध सेनापति चकित हो रहे हैं? *(हँसता है)*

पर्णदत्त : युवराज! व्यंग्य न कीजिए। केवल पुष्यमित्रों के युद्ध से ही इतिश्री न समझिए, म्लेच्छों के भयानक आक्रमण के लिए भी प्रस्तुत रहना चाहिए। चरों ने आज ही कहा है कि कपिशा को श्वेत हूणों ने पदाक्रान्त कर लिया! तिस पर भी युवराज पूछते हैं कि 'अधिकारों का उपयोग किसलिए!' यही 'किसलिए' प्रत्यक्ष प्रमाण है कि गुप्तकुल के शासक इस साम्राज्य को 'गले-पड़ी' वस्तु समझने लगे हैं।

चक्रपालित : *(प्रवेश करते हुए)* अरे, युवराज भी यहीं हैं! युवराज की जय हो।

स्कन्दगुप्त : आओ चक्र! आर्य पर्णदत्त ने मुझे घबरा दिया है।

चक्रपालित : पिताजी! प्रणाम। कैसी बात है?

पर्णदत्त : कल्याण हो, आयुष्मन्! तुम्हारे युवराज अपने अधिकारों से उदासीन हैं। वे पूछते हैं 'अधिकार किसलिए?'

चक्रपालित : तात! 'किसलिए' का अर्थ मैं समझाता हूँ।

पर्णदत्त : क्या?

चक्रपालित : गुप्तकुल का अव्यवस्थित उत्तराधिकार-नियम!

स्कन्दगुप्त : चक्र, सावधान! तुम्हारे इस अनुमान का कुछ आधार भी है?

चक्रपालित : युवराज! यह अनुमान नहीं है, यह प्रत्यक्ष-सिद्ध है।

पर्णदत्त : *(गम्भीरता से)* चक्र! यदि यह बात हो भी, तब भी तुमको ध्यान रखना चाहिए कि हम लोग साम्राज्य के सेवक हैं। असावधान बालक! अपनी चंचलता को विषवृक्ष का बीज न बना देना।

स्कन्दगुप्त : आर्य पर्णदत्त, क्षमा कीजिए। हृदय की बातों को राजनीतिक भाषा में व्यक्त करना चक्र नहीं जानता।

पर्णदत्त : ठीक है, किन्तु उसे इतनी शीघ्रता नहीं करनी चाहिए। *(कुछ देखकर)* चर आ रहा है, युद्ध का कोई नया समाचार है क्या?

[चर का प्रवेश]

स्कन्दगुप्त : युवराज की जय हो!

पर्णदत्त : क्या समाचार है?

चर : अबकी बार पुष्यमित्रों का अन्तिम प्रयत्न है। वे अपनी समस्त शक्ति संकलित करके बढ़ रहे हैं! नासीर-सेना के नायक ने सहायता माँगी है। दशपुर से भी दूत आया है।

स्कन्दगुप्त : अच्छा, जाओ, उसे भेज दो।

[चर जाता है, दशपुर के दूत का प्रवेश]

दूत : युवराज भट्टारक की जय हो!

स्कन्दगुप्त : मालवपति सकुशल हैं?

दूत : कुशल आपके हाथ है। महाराज विश्ववर्म्मा का शरीरान्त हो गया है! नवीन नरेश महाराज बन्धुवर्म्मा ने साभिवादन श्रीचरणों में सन्देश भेजा है।

स्कन्दगुप्त : खेद! ऐसे समय में, जबकि हम लोगों को मालवपति से सहायता की आशा थी, वह स्वयं कौटुम्बिक आपत्तियों में फँस गये हैं!

दूत : इतना ही नहीं, शक-राष्ट्रमंडल चंचल हो रहा है, नवागत म्लेच्छवाहिनी से सौराष्ट्र भी पदाक्रान्त हो चला है, इसी कारण पश्चिमी मालव भी अब सुरक्षित न रहा।

[स्कन्दगुप्त पर्णदत्त की ओर देखते हैं]

पर्णदत्त : वलभी का क्या समाचार है?

दूत : वलभी का पतन अभी रुका है। किन्तु बर्बर हूणों से उसका बचना कठिन है। मालव की रक्षा के लिए महाराज बन्धुवर्म्मा ने सहायता माँगी है। दशपुर की समस्त सेना सीमा पर जा चुकी है।

स्कन्दगुप्त : मालव और शक-युद्ध में जो सन्धि गुप्त-साम्राज्य और मालवराष्ट्र में हुई है, उसके अनुसार मालव की रक्षा गुप्त-सेना का कर्तव्य है। महाराज विश्ववर्म्मा के समय से ही समाट् कुमारगुप्त उनके संरक्षक हैं। परन्तु दूत! बड़ी कठिन समस्या है।

दूत : विषम अवस्था होने पर भी युवराज! साम्राज्य ने संरक्षकता का भार लिया है।

पर्णदत्त : दूत! क्या तुम्हें विदित नहीं है कि पुष्यमित्रों से हमारा युद्ध चल रहा है?

दूत : तब भी मालव ने कुछ समझकर, किसी आशा पर ही, अपनी स्वतंत्रता को सीमित कर लिया था।

स्कन्दगुप्त : दूत! केवल सन्धि-नियम ही से हम लोग बाध्य नहीं हैं, किन्तु शरणागत-रक्षा भी क्षत्रिय का धर्म है। तुम विश्राम करो। सेनापति पर्णदत्त समस्त सेना लेकर पुष्यमित्रों की गति रोकेंगे। अकेला स्कन्दगुप्त मालव की रक्षा करने के लिए सन्नद्ध है। जाओ, निर्भय निद्रा का सुख लो। स्कन्दगुप्त के जीते-जी मालव का कुछ न बिगड़ बिगड़ सकेगा।

दूत : धन्य युवराज! आर्य-साम्राज्य के भावी शासक के उपयुक्त ही यह बात है। *(प्रणाम करके जाता है)*

पर्णदत्त : युवराज! आज यह वृद्ध, हृदय से प्रसन्न हुआ। और गुप्त-साम्राज्य की लक्ष्मी भी प्रसन्न होंगी।

चक्रपालित : तात! पुष्यमित्र-युद्ध का अन्त तो समीप है। विजय निश्चित है। किसी दूसरे सैनिक को भेजिए। मुझे युवराज के साथ जाने की अनुमति हो।

स्कन्दगुप्त : नहीं चक्र, तुम विजयी होकर मुझसे मालव में मिलो। ध्यान रखना होगा कि राजधानी से अभी कोई सहायता नहीं मिलती। हम लोगों को इस आसन्न विपद् में अपना ही भरोसा है।

पर्णदत्त : कुछ चिन्ता नहीं युवराज! भगवान् सब मंगल करेंगे। चलिए, विश्राम करें।

[निष्क्रमण/दृश्यान्तर]

द्वितीय दृश्य

[कुसुमपुर के राज-मन्दिर में सम्राट् कुमारगुप्त और उनकी परिषद्]

धातुसेन : परम भट्टारक! आपने भी स्वयं इतने विकट युद्ध किये हैं। मैंने तो समझा था, राजसिंहासन पर बैठे-बैठे राजदंड हिला देने से ही इतना बड़ा गुप्त-साम्राज्य स्थापित हो गया था, परन्तु—

कुमारगुप्त : *(हँसते हुए)* तुम्हारी लंका में अब राक्षस नहीं बसते? क्यों धातुसेन।

धातुसेन : यदि राक्षस कोई था तो विभीषण था, और बन्दरों में भी एक सुग्रीव हो गया। दक्षिणापथ आज भी उनकी करनी का फल भोग रहा है। परन्तु हाँ, एक आश्चर्य की बात है कि महामान्य परमेश्वर परम भट्टारक को भी युद्ध करना पड़ा। रामचन्द्र ने तो, सुना था, जब वे युवराज भी न थे तभी युद्ध किया था। सम्राट् होने पर भी युद्ध!

कुमारगुप्त : युद्ध तो करना ही पड़ता है। अपनी सत्ता बनाये रखने के लिए यह आवश्यक है।

धातुसेन : अच्छा, तो स्वर्गीय आर्य समुद्रगुप्त ने देवपुत्रों तक का राज्य विजय किया था, सो उनके लिए परम आवश्यक था? क्या पाटलिपुत्र के समीप ही वह राष्ट्र था?

कुमारगुप्त : तुम भी बालि की सेना में से बचे हुए हो!

धातुसेन : परम भट्टारक की जय हो! बालि की सेना न थी, और वह युद्ध न था। जब उसमें लड्डू खाने वाले सुग्रीव निकल पड़े, तब फिर...

कुमारगुप्त : क्यों?

धातुसेन : उनकी बड़ी सुन्दर ग्रीवा में लड्डू अत्यन्त सुशोभित होता था, और सबसे बड़ी बात तो थी बालि के लिए—उनकी तारा का मंत्रित्व। सुना है सम्राट्! स्त्री की मंत्रणा बड़ी अनुकूल और उपयोगी होती है, इसीलिए उन्हें राज्य के झंझटों से शीघ्र ही छुट्टी मिल गई। परम भट्टारक की दुहाई! एक स्त्री को मंत्री आप भी बना लें, बड़े-बड़े दाढ़ी-मूँछ वाले मंत्रियों के बदले उसकी एकान्त मंत्रणा कल्याणकारिणी होगी।

कुमारगुप्त : *(हँसते हुए)* लेकिन पृथ्वीसेन तो मानते ही नहीं।

धातुसेन : तब मेरी सम्मति से वे ही कुछ दिनों के लिए स्त्री हो जाएँ; क्यों कुमारामात्यजी?

पृथ्वीसेन : पर तुम तो स्त्री नहीं हो जो मैं तुम्हारी सम्मति मान लूँ?

कुमारगुप्त : *(हँसता हुआ)* हाँ, तो आर्य समुद्रगुप्त को विवश होकर उन विद्रोही विदेशियों का दमन करना पड़ा; क्योंकि मौर्य-साम्राज्य के समय से ही सिन्धु के उस पार का देश भी भारत-साम्राज्य के अन्तर्गत था। जगद्विजेता सिकन्दर के सेनापति सिल्यूकस से उस प्रान्त को मौर्य-सम्राट् चन्द्रगुप्त ने लिया था।

धातुसेन : फिर तो लड़कर ले लेने की एक परम्परा-सी लग जाती है। उनसे उन्होंने, उन्होंने उनसे, ऐसे ही लेते चले आये हैं। उसी प्रकार आर्य!...

कुमारगुप्त : उँह! तुम समझते नहीं। मनु ने इसकी व्यवस्या दी है।

धातुसेन : नहीं धर्मावतार! समझ में तो इतनी बात आ गई कि लड़कर ले लेना ही एक प्रधान स्वत्व है। संसार में इसी का बोलबाला है।

भटार्क : नहीं तो क्या रोने से, भीख माँगने से कुछ अधिकार मिलता है? जिसके हाथों में बल नहीं, उसका अधिकार ही कैसा? और यदि माँगकर मिल जाय, तो शान्ति की रक्षा कौन करेगा?

मुद्गल : *(प्रवेश करके)* रक्षा पेट कर लेगा, कोई दे भी तो। अक्षय तूणीर, अक्षय कवच सब लोगों ने सुना होगा; परन्तु इस अक्षय मंजूषा का हाल मेरे सिवा कोई नहीं जानता! इसके भीतर कुछ रखकर देखो, मैं कैसी शान्ति से बैठा रहता हूँ?

[पद्मासन से बैठ जाता है]

पृथ्वीसेन : परम भट्टारक की जय हो! मुझे कुछ निवेदन करना है—यदि आज्ञा हो तो।

कुमारगुप्त : हाँ, हाँ कहिए।

पृथ्वीसेन : शिप्रा के इस पार साम्राज्य का स्कन्धावार स्थापित है। मालवेश का दूत भी आ गया है कि 'हम ससैन्य युवराज के सहायतार्थ प्रस्तुत हैं।' महानायक पर्णदत्त ने भी अनुकूल समाचार भेजा है।

कुमारगुप्त : मालव का इस अभियान से कैसा भाव है, कुछ पता चला? क्योंकि यह युद्ध तो जानबूझ कर छेड़ा गया है।

पृथ्वीसेन : अपने मुख से मालवेश ने दूत से यहाँ तक कहा था कि युवराज को कष्ट देने की क्या आवश्यकता थी, आज्ञा पाने ही से मैं स्वयं इसे ठीक कर लेता।

कुमारगुप्त : महासन्धि-विग्रहिक! साधु! यह वंश-परम्परागत तुम्हारी ही विद्या है।

पृथ्वीसेन : सम्राट के श्रीचरणों का प्रताप है। सौराष्ट्र से भी नवीन समाचार मिलने वाला है। इसलिए युवराज को ही वहाँ भेजने का मेरा अनुरोध था।

भटार्क : सौराष्ट्र की गतिविधि देखने के लिए एक रणदक्ष सेनापति की आवश्यकता है। वहाँ शक राष्ट्र बड़ा चंचल अथच भयानक है।

पृथ्वीसेन : *(गूढ़ दृष्टि से देखते हुए)* महाबलाधिकृत! आवश्यकता होने पर आपको वहाँ जाना ही होगा, उत्कंठा की आवश्यकता नहीं।

भटार्क : नहीं, मैं तो...

कुमारगुप्त : महाबलाधिकृत! तुम्हारी स्मरणीय सेवा स्वीकृत होगी। अभी आवश्यकता नहीं।

धातुसेन : *(हाथ जोड़कर)* यदि दक्षिणापथ पर आक्रमण का आयोजन हो तो मुझे आज्ञा मिले। मेरा घर पास है, मैं जाकर स्वच्छन्दतापूर्वक लेट रहूँगा, सेना को भी कष्ट न होने पावेगा।

[सब हँसते हैं]

मुद्गल : जय हो देव! पाकशाला पर चढ़ाई करनी हो तो मुझे आज्ञा मिले। मैं अभी उसका सर्वस्वान्त कर डालूँ।

[फिर सब हँसते हैं। गम्भीर भाव से अभिवादन करते हुए एक ओर पृथ्वीसेन और दूसरी ओर भटार्क का प्रस्थान]

कुमारगुप्त : मुद्गल! तुम्हारा कुछ...

मुद्गल : महादेवी ने प्रार्थना की है कि युवराज भट्टारक की कल्याण-कामना के लिए चक्रपाणि भगवान् की पूजा की सामग्री प्रस्तुत है। आर्यपुत्र कब चलेंगे?

कुमारगुप्त : *(मुँह बनाकर)* आज तो कुछ पारसीक नर्तकियाँ आने वाली हैं, आपानक भी है! महादेवी से यह कह देना, असन्तुष्ट न हों, कल चलूँगा। समझा न मुद्गल?

मुद्गल : *(खड़ा होकर)* परमेश्वर परम भट्टारक की जय हो।

[जाता है]

धातुसेन : वह चाणक्य कुछ भाँग पीता था। उसने लिखा है कि राजपुत्र भेड़िये हैं, इनसे पिता को सदैव सावधान रहना चाहिए।

कुमारगुप्त : यह राष्ट्रनीति है।

[अनन्तदेवी का चुपचाप प्रवेश]

धातुसेन : भूल गया। उसके बदले उस ब्राह्मण को लिखना था कि राजा लोग ब्याह ही न करें, क्यों भेड़ियों-सी सन्तान उत्पन्न हों?

अनन्तदेवी : *(सामने आकर)* आर्यपुत्र की जय हो!

[धातुसेन भयभीत होने का-सा मुँह बनाकर चुप हो जाता है]

कुमारगुप्त : आओ प्रिये! तुम्हें खोज ही रहा था।

अनन्तदेवी : नर्तकियों को बुलवाती आ रही हूँ। कुमारामात्य आदि थे, मंत्रणा में बाधा समझकर, जानबूझकर देर लगाई। आपको तो देखती हूँ कि अवकाश ही नहीं।

[धातुसेन की ओर क्रुद्ध होकर देखती है]

कुमारगुप्त : वह अबोध विदेशी हँसोड़ है।

अनन्तदेवी : तब भी सीमा होनी चाहिए।

धातुसेन : चाणक्य का नाम ही कौटिल्य है। उनके सूत्रों की व्याख्या करने जाकर ही यह फल मिला है। क्षमा मिले तो एक बात और पूछ लूँ, क्योंकि फिर इस विषय का प्रश्न न करूँगा।

अनन्तदेवी : पूछ लो।

धातुसेन : उसके अनर्थशास्त्र में विषकन्या का...

कुमारगुप्त : *(डाँटकर)* चुप रहो।

[नर्तकियों का गाते हुए प्रवेश]

न छेड़ना उस अतीत स्मृति से
खिंचे हुए बीन-तार कोकिल
करुण रागिनी तड़प उठेगी
सुना न ऐसी पुकार कोवि ल।
हृदय धूल में मिला दिया है
उसे चरण-चिह्न-सा किया है
खिले फूल सब गिरा दिया है
न अब बसन्ती बहार कोकिल
सुनी बहुत आनन्द-भैरवी
विगत हो चुकी निशा-माधवी
रही न अब शारदी कैरवी
न तो मघा की फुहार कोकिल।
न खोज पागल मधुर प्रेम को
न तोड़ना और के नेम को
बचा विरह मौन के क्षेम को
कुचाल अपनी सुधार कोकिल।

[दृश्यान्तर]

तृतीय दृश्य

[पथ में मातृगुप्त]

मातृगुप्त : कविता करना अनन्त पुण्य का फल है। इस दुराशा और अनन्त उत्कंठा से कवि-जीवन व्यतीत करने की इच्छा हुई। संसार के समस्त अभावों को असन्तोष कहकर

हृदय को धोखा देता रहा। परन्तु कैसी विडम्बना! लक्ष्मी के लालों का भ्रू-भंग और क्षोभ की ज्वाला के अतिरिक्त मिला क्या?—एक काल्पनिक प्रशंसनीय जीवन, जो कि दूसरों की दया में अपना अस्तित्व रखता है! संचित हृदय-कोश के अमूल्य रत्नों की उदारता, और दारिद्र्य का व्यंग्यात्मक कठोर अट्टहास, दोनों की विषमता की कौन-सी व्यवस्था होगी। मनोरथ को—भारत के प्रकांड बौद्ध पंडित को—परास्त करने में मैं सबकी प्रशंसा का भाजन बना। परन्तु हुआ क्या?

[मुद्‌गल का प्रवेश]

मुद्‌गल : कहिए कवि जी! आप तो बहुत दिनों पर दिखाई पड़े! कुलपति की कृपा से कहीं अध्यापन-कार्य मिल गया क्या?

मातृगुप्त : अभी तो यों ही बैठा हूँ।

मुद्‌गल : क्या बैठे-बैठे काम चल जाता है? तब तो भाई, तुम बड़े भाग्यवान हो। कविता करते हो न? भाई! उसे छोड़ दो।

मातृगुप्त : क्यों? वही तो मेरे मूर्ख हृदय का आहार है! कवित्व—वर्णमय चित्र है, जो स्वर्गीय भावपूर्ण संगीत गाया करता है! अन्धकार का आलोक से, असत् का सत् से, जड़ का चेतन से, और बाह्य जगत् का अन्तर्जगत् से सम्बन्ध कौन कराती है? कविता ही न!

मुद्‌गल : परन्तु हाथ का मुख से, पेट का अन्न से, और आँखों का निद्रा से भी सम्बन्ध होता है कि नहीं? इसको भी कभी सोचा-विचारा है?

मातृगुप्त : संसार में क्या इतनी ही वस्तुएँ विचारने की हैं? पशु भी इनकी चिन्ता कर लेते होंगे।

मुद्‌गल : और मनुष्य पशु नहीं है, क्योंकि उसे बातें बनाना आता है—अपनी मूर्खताओं को छिपाना, पापों पर बुद्धिमानी का आवरण चढ़ाना आता है! और वाग्जाल की फाँस उसके पास है। अपनी घोर आवश्यकताओं में कृत्रिमता बढ़ाकर, सभ्य और पशु से कुछ ऊँचा द्विपद मनुष्य, पशु बनने से बच जाता है।

मातृगुप्त : होगा, तुम्हारा तात्पर्य क्या है?

मुद्गल : स्वप्नमय जीवन छोड़कर विचारपूर्ण वास्तविक स्थिति में आओ। ब्राह्मण-कुमार हो, इसीलिए दया आती है।

मातृगुप्त : क्या करूँ?

मुद्गल : मैं दो-चार दिन में अवन्ती जाने वाला हूँ; युवराज भट्टारक के पास तुम्हें रखवा दूँगा। अच्छी वृत्ति मिलने लग जायेगी। है स्वीकार?

मातृगुप्त : पर तुम्हें मेरे ऊपर इतनी दया क्यों?

मुद्गल : तुम्हारी बुद्धिमत्ता देखकर मैं प्रसन्न हुआ हूँ। उसी दिन से मैं खोजता था। तुम जानते हो कि राजकृपा का अधिकारी होने के लिए समय की आवश्यकता है। बड़े लोगों की एक दृढ़ धारणा होती है कि 'अभी टकराने दो; ऐसे बहुत आया-जाया करते हैं।'

मातृगुप्त : तब तो बड़ी कृपा है। मैं अवश्य चलूँगा। काश्मीर मंडल में हूणों का आतंक है, शास्त्र और संस्कृत-विद्या को कोई पूछने वाला नहीं। म्लेच्छाक्रान्त देश छोड़कर राजधानी में चला आया था। अब आप ही मेरे पथ-प्रदर्शक हैं।

मुद्गल : अच्छा तो मैं जाता हूँ, शीघ्र ही मिलूँगा; तुम चलने के लिए प्रस्तुत रहना।

[जाता है]

मातृगुप्त : काश्मीर! जन्मभूमि!! जिसकी धूलि में लोटकर खड़े होना सीखा, जिसमें खेल-खेलकर शिक्षा प्राप्त की, जिसमें जीवन के परमाणु संगठित हुए थे वही छूट गया। और बिखर गया एक मनोहर स्वप्न, आह! वही जो मेरे इस जीवन-पथ का पाथेय रहा!

प्रिय!

संसृति के वे सुन्दरतम क्षण यों ही भूल नहीं जाना।
'वह उच्छृंखलता थी अपनी'—कहकर मन मत बहलाना।
मादकता-सी तरल हँसी के प्याले में उठती लहरी।
मेरे निश्वासों से उठकर अधर चूमने को ठहरी।
मैं व्याकुल परिरम्भ-मुकुल में बन्दी अलि-सा काँप रहा।
छलक उठा प्याला, लहरी में मेरे सुख को माप रहा।
सजग सुप्त सौन्दर्य हुआ, हो चपल चलीं भौंहें मिलने।

लीन हो गई लहर, लगे मेरे ही नख छाती छिलने।
श्यामा का नखदान मनोहर मुक्ताओं से ग्रथित रहा।
जीवन के उस पार उड़ाता हँसी, खड़ा मैं चकित रहा।
तुम अपनी निष्ठुर क्रीड़ा के विभ्रम से, बहकाने से।
सुखी हुए, फिर लगे देखने मुझे पथिक पहचाने-से।
उस सुख का आलिंगन करने कभी भूलकर आ जाना।
मिलन क्षितिज-तट मधु-जलनिधि में मृदु हिलकोर उठा जाना।

कुमारदास : *(प्रवेश करके)* साधु!

मातृगुप्त : *(अपनी भावनाओं में तल्लीन, जैसे किसी को न देख रहा हो)* अमृत के सरोवर में स्वर्ण-कमल खिल रहा था, भ्रमर वंशी बजा रहा था, सौरभ और पराग की चहल-पहल थी। सवेरे सूर्य की किरणें उसे चूमने को लौटती थीं, सन्ध्या में शीतल चाँदनी उसे अपनी चादर से ढक देती थी। उस मधुर सौन्दर्य, उस अतीन्द्रिय जगत् की साकार कल्पना की ओर से मैंने हाथ बढ़ाया था, वहीं स्वप्न टूट गया!

कुमारदास : समझ में न आया, सिंहल में और काश्मीर में क्या भेद है। तुम गौरवपूर्ण हो, लम्बे हो, खिंची हुई भौंहें; सब होने पर भी सिंहलियों की घुँघराली लटें, उज्ज्वल श्याम शरीर क्या स्वप्न में भी देखने की वस्तु नहीं?

मातृगुप्त : *(कुमारदास को जैसे सहसा देखकर)* पृथ्वी की समस्त ज्वाला को जहाँ प्रकृति ने अपने तुषार के आँचल से ढँक दिया है, उस हिमालय के...

कुमारदास : और बड़वानल को अनन्त जलराशि से जो सन्तुष्ट कर रहा है, उस रत्नाकर को—अच्छा जाने दो, रत्नाकर नीचा है, गहरा है। हिमालय ऊँचा है, गर्व से सिर उठाये है, तब जय हो काश्मीर की। हाँ, उस हिमालय के...

मातृगुप्त : उस हिमालय के ऊपर प्रभात-सूर्य की सुनहरी प्रभा से आलोकित हिम का पीले पुखराज का-सा एक महल था। उसी से नवनीत की पुतली झाँककर विश्व को देखती थी। वह हिम की शीतलता से सुसंगठित थी। सुनहरी किरणों को जलन हुई। तप्त होकर महल को गला दिया। पुतली! उसका मंगल हो, हमारे अश्रु की शीतलता उसे सुरक्षित रखे। कल्पना की भाषा के पंख गिर जाते हैं, मौन-नीड़ में निवास करने दो। छेड़ो मत मित्र!

कुमारदास : तुम विद्वान् हो सुकवि हो, तुमको इतना मोह?

मातृगुप्त : यदि यह विश्व इन्द्रजाल ही है, तो उस इन्द्रजाली की अनन्त इच्छा को पूर्ण करने का साधन—यह मधुर मोह चिरजीवी हो और अभिलाषा से मचलने वाले भूखे हृदय को आहार मिले।

कुमारदास : मित्र! तुम्हारी कोमल कल्पना, वाणी में झनकार उत्पन्न करेगी। तुम सचेष्ट बनो, प्रतिभाशाली हो। तुम्हारा भविष्य बड़ा उज्ज्वल है।

मातृगुप्त : उसकी चिन्ता नहीं। दैन्य जीवन के प्रचंड आतप में सुन्दर स्नेह मेरी छाया बने! झुलसा हुआ जीवन धन्य हो जायेगा।

कुमारदास : मित्र! इन थोड़े दिनों का परिचय मुझे आजीवन स्मरण रहेगा। अब तो मैं सिंहल जाता हूँ—देश की पुकार है। इसलिए मैं स्वप्नों का देश 'भव्य-भारत' छोड़ता हूँ। कविवर! इस क्षीण परिचय कुमार धातुसेन को भूलना मत—कभी आना।

मातृगुप्त : सम्राट् कुमारगुप्त के सहचर, विनोदशील कुमारदास! तुम क्या कुमारदास धातुसेन हो?

कुमारदास : हाँ मित्र, लंका का युवराज। हमारा एक मित्र, एक बाल-सहचर प्रख्यातकीर्ति, महाबोधि-विहार का श्रवण है। उसे और गुप्त-साम्राज्य का वैभव देखने पर्यटक के रूप में भारत चला आया था। गौतम के पद-रज से पवित्र भूमि को खूब देखा और देखा दर्प से उद्यत गुप्त-साम्राज्य के तीसरे पहर का सूर्य। आर्य-अभ्युत्थान का यह स्मरणीय युग है। मित्र, परिवर्तन उपस्थित है।

मातृगुप्त : सम्राट् कुमारगुप्त के साम्राज्य में परिवर्तन!

धातुसेन : सरल युवक! इस गतिशील जगत् में परिवर्तन पर आश्चर्य? परिवर्तन रुका कि महापरिवर्तन—प्रलय—हुआ! परिवर्तन ही सृष्टि है, जीवन है। स्थिर होना मृत्यु है, निश्चेष्ट-शान्ति मरण है। प्रकृति क्रियाशील है, समय पुरुष और स्त्री की गेंद लेकर दोनों हाथ से खेलता है। पुल्लिंग और स्त्रीलिंग की समष्टि अभिव्यक्ति की कुंजी है। पुरुष उछाल दिया जाता है, उत्क्षेपण होता है। स्त्री आकर्षण करती है। यही जड़ प्रकृति का चेतन रहस्य है।

मातृगुप्त : निस्सन्देह । अनन्तदेवी के इंगित पर कुमारगुप्त नांच रहे हैं। अद्‌भुत पहेली है।

धातुसेन : पहेली! यह भी रहस्य ही है। पुरुष है कुतूहल और प्रश्न; और स्त्री है विश्लेषण, उत्तर और सब बातों का समाधान। पुरुष के प्रत्येक प्रश्न का उत्तर देने के लिए वह प्रस्तुत है। उसके कुतूहल—उसके अभावों को परिपूर्ण करने का उष्ण प्रयत्न और शीतल उपचार! अभागा मनुष्य सन्तुष्ट है—बच्चों के समान। पुरुष ने कहा—'क', स्त्री ने अर्थ लगा दिया—'कौआ'। बस, वह रटने लगा। विषय-विह्वल वृद्ध सम्राट् तरुणी की आकांक्षाओं के साधन बन रहे हैं। काले मेघ क्षितिज में एकत्र हैं। शीघ्र ही अन्धकार होगा। परन्तु आशा का केन्द्र—ध्रुवतारा—एक युवराज 'स्कन्द' है। निर्मल शून्य आकाश में शीघ्र ही अनेक वर्ण के मेघ रंग भरेंगे। विकट अभिनय का आरम्भ होने वाला है। तुम भी सम्भवत: उसके अभिनेताओं में से एक होगे। सावधान! सिंहल तुम्हारे लिए प्रस्तुत है।

[प्रस्थान]

मातृगुप्त : विचक्षण! उदार कुमार!

[प्रस्थान : दृश्यान्तर]

चतुर्थ दृश्य

[अनन्तदेवी का सुसज्जित प्रकोष्ठ]

अनन्तदेवी : जया! रात्रि का द्वितीय पहर तो व्यतीत हो रहा है, अभी भटार्क के आने का समय नहीं हुआ?

जया : स्वामिनी! आप बड़ा भयानक खेल खेल रही हैं।

अनन्तदेवी : क्षुद्र हृदय—जो चूहे के शब्द से भी शंकित होते हैं, जो अपनी साँस से ही चौंक उठते हैं; उनके लिए उन्नति का कंटकित मार्ग नहीं है। महत्त्वाकांक्षा का दुर्गम स्वर्ग उनके लिए स्वप्न है।

जया : परन्तु राजकीय अन्त:पुर की मर्यादा बड़ी कठोर अथच फूल से कोमल है।

अनन्तदेवी : अपनी नियति का पथ मैं अपने पैरों चलूँगी, अपनी शिक्षा रहने दे।

[जया कपाट के समीप कान लगाती है, संकेत होता है, गुप्तद्वार खुलते ही भटार्क सामने उपस्थित होता है]

भटार्क : महादेवी की जय हो!

अनन्तदेवी : परिहास न करो मगध के महाबलाधिकृत! देवकी के रहते किस साहस से तुम मुझे महादेवी कहते हो?

भटार्क : हमारा हृदय कह रहा है, और आये दिन साम्राज्य की जनता, प्रजा सभी कहेगी।

अनन्तदेवी : मुझे विश्वास नहीं होता।

भटार्क : महादेवी! कल सम्राट् के समक्ष जो विद्रूप और व्यंग्यबाण मुझ पर बरसाए गये हैं, वे अन्तस्तल में गड़े हुए हैं। उनको निकालने का प्रयत्न नहीं करूँगा, वे ही भावी विप्लव में सहायक होंगे। चुभ-चुभकर वे मुझे सचेत करेंगे। मैं उन पथ-प्रदर्शकों का अनुसरण करूँगा। बाहुबल से, वीरता से और अनेक प्रचंड पराक्रमों से ही मुझे मगध के महाबलाधिकृत का माननीय पद मिला है; मैं उस सम्मान की रक्षा करूँगा। महादेवी! आज मैंने अपने हृदय के मार्मिक रहस्य का अकस्मात् उद्घाटन कर दिया है। परन्तु वह भी जानबूझकर—समझकर। मेरा हृदय शूलों के लौहफलक सहने के लिए है, क्षुद्र विषवाग्बाण के लिए नहीं।

अनन्तदेवी : तुम वीर हो भटार्क! यह तुम्हारे उपयुक्त ही है। देवकी का प्रभाव जिस उग्रता से बढ़ रहा है, उसे देखकर मुझे पुरगुप्त के जीवन में शंका हो रही है। महाबलाधिकृत, दुर्बल माता का हृदय उसके लिए आज ही से चिन्तित है, विकल है। सम्राट् की मति एक-सी नहीं रहती, वे अव्यवस्थित और चंचल हैं। इस अवस्था में विलास की अधिक मात्रा से केवल जीवन के जटिल सुखों की गुत्थियाँ सुलझाने में व्यस्त हैं।

भटार्क : मैं सब समझ रहा हूँ। पुष्यमित्रों के युद्ध में मुझे सेनापति की पदवी नहीं मिली, इसका कारण भी मैं जानता हूँ। मैं दूध पीनेवाला शिशु नहीं हूँ और यह मुझे स्मरण है कि पृथ्वीसेन के विरोध करने पर भी आपकी कृपा से मुझे महाबलाधिकृत का पद मिला है। मैं कृतघ्न नहीं हूँ, महादेवी! आप निश्चिन्त रहें।

अनन्तदेवी : पुष्यमित्रों के युद्ध में भेजने के लिए मैंने भी कुछ समझकर उद्योग नहीं किया। भटार्क! क्रान्ति उपस्थित है, तुम्हारा यहाँ रहना आवश्यक है।

भटार्क : क्रान्ति के सहसा इतना समीप उपस्थित होने के तो कोई लक्षण मुझे नहीं दिखाई पड़ते।

अनन्तदेवी : राजधानी में आनन्द-विलास हो रहा है, और पारसीक मदिरा की धारा बह रही है; इनके स्थान पर वक्त की धारा बहेगी! आज तुम काला-गुरु के गन्ध-धूम से सन्तुष्ट हो रहे हो, कल इन उच्च सौध-मन्दिरों में महापिशाची की विप्लव-ज्वाला धधकेगी। उस चिरायँध की उत्कट गन्ध असह्य होगी। तब तुम भटार्क! उस आगामी खंड-प्रलय के लिए प्रस्तुत हो कि नहीं? *(ऊपर देखती हुई)* उहूँ, प्रपंचबुद्धि की कोई बात आज तक मिथ्या नहीं हुई।

भटार्क : कौन प्रपंचबुद्धि?

अनन्तदेवी : सूची-भेद्य अन्धकार में छिपनेवाली रहस्यमयी नियति का—प्रज्वलित कठोर नियति का—नील आवरण उठाकर झाँकने वाला। उसकी आँखों में अभिचार का संकेत है; मुस्कराहट में विनाश की सूचना है, आँधियों से खेलता है; बातें करता है—बिजलियों से आलिंगन!

[प्रपंचबुद्धि का सहसा प्रवेश]

प्रपंचबुद्धि : स्मरण है भाद्र की अमावस्या?

[भटार्क और अनन्तदेवी सहमकर हाथ जोड़ते हैं]

अनन्तदेवी : स्मरण है, भिक्षु शिरोमणे! उसे मैं भूल सकती हूँ?

प्रपंचबुद्धि : कौन, महाबलाधिकृत! हँ-हँ-हँ-हँ, तुम लोग सद्धर्म के अभिशाप की लीला देखोगे, है आँखों में इतना बल? क्यों समझ लिया था कि इन मुंडितमस्तक जीर्ण कलेवर भिक्षु कंकालों में क्या धरा है। देखो—शव-चिता में नृत्य करती हुई तारा का तांडव नृत्य, शून्य सर्वनाशकारिणी प्रकृति की मुण्डमालाओं की कन्दुक-क्रीड़ा! अश्वमेध हो चुके, उनके फलस्वरूप महानरमेध का उपसंहार भी देखो। *(भटार्क को देखकर)* है तुझमें—तू करेगा? अच्छा महादेवी! अमावस्या के पहले पहर में, जब नील गगन से भयानक और उज्ज्वल

उल्कापात होगा, महाशून्य की ओर देखना। जाता हूँ। सावधान!

[प्रस्थान]

भटार्क : महादेवी! यह भूकम्प के समान हृदय को हिला देने वाला कौन व्यक्ति है? ओह, मेरा तो सिर घूम रहा है!

अनन्तदेवी : यही तो भिक्षु प्रपंचबुद्धि है!

भटार्क : तब तुम मुझे विश्वास हुआ। यह क्रूर-कठोर नर-पिशाच मेरी सहायता करेगा। मैं उस दिन के लिए प्रस्तुत हूँ।

अनन्तदेवी : तब प्रतिश्रुत होते हो?

भटार्क : दास सदैव अनुचर रहेगा।

अनन्तदेवी : अच्छा, तुम इसी गुप्तद्वार से जाओ। देखूँ, अभी कादम्ब की मोह-निद्रा से सम्राट जगे कि नहीं!

जया : *(प्रवेश करके)* परम भट्टारक अँगड़ाइयाँ ले रहे हैं। स्वामिनी शीघ्र चलिए।

[जया का प्रस्थान]

भटार्क : तो महादेवी, मेरा प्रस्थान हो।

अनन्तदेवी : *(देखती हुई)* भटार्क! जाने को कहूँ? इस शत्रुपुरी में मैं असहाय अबला, इतना—आह! *(आँसू पोंछती है)*

भटार्क : धैर्य रखिए। इस सेवक के बाहुबल पर विश्वास कीजिए!

अनन्तदेवी : तो भटार्क, जाओ।

[जया का प्रवेश]

जया : चलिए—शीघ्र। (दोनों जाती हैं)

भटार्क : एक दुर्भेद्य नारी-हृदय में विश्व-प्रहेलिका का रहस्य-बीज है। ओह कितनी साहसशीला स्त्री है! देखूँ, गुप्त-साम्राज्य के भाग्य की कुंजी यह किधर घुमाती है। परन्तु इसकी आँखों में कामपिपासा के संकेत अभी उबल रहे हैं। अतृप्ति की चंचल प्रवंचना कपोलों पर रक्त होकर क्रीड़ा कर रही है। हृदय में श्वासों की गरमी विलास का सन्देश वहन कर रही है। परन्तु, अच्छा चलूँ, यह विचार करने का स्थान नहीं है। *(गुप्त द्वार से जाता है)*

[पट-परिवर्तन]

पंचम दृश्य

[अन्त:पुर का द्वार]

शर्वनाग : *(टहलता हुआ)* कौन-सी वस्तु देखी? किस सौन्दर्य पर मन रीझा? कुछ नहीं, सदैव इसी सुन्दरी खड्ग-लता की प्रभा पर मैं मुग्ध रहा। मैं नहीं जानता कि और भी कुछ सुन्दर है। वह मेरी स्त्री—जिसके अभावों का कोश कभी खाली नहीं, जिसकी भर्त्सनाओं का भंडार अक्षय है, उससे मेरी अन्तरात्मा काँप उठती है। आज मेरा पहरा है। घर से जान छूटी, परन्तु रात बड़ी भयानक है। चलूँ अपने स्थान पर बैठूँ। सुनता हूँ कि परम भट्टारक की अवस्था अत्यन्त शोचनीय है—जाने भगवान्!

भटार्क : कौन? *(प्रवेश करके)*

शर्वनाग : नायक शर्वनाग।

भटार्क : कितने सैनिक हैं?

शर्वनाग : पूरा एक गुल्म।

भटार्क : अन्त:पुर से कोई आज्ञा मिली है?

शर्वनाग : नहीं।

भटार्क : तुमको मेरे साथ चलना होगा।

शर्वनाग : मैं प्रस्तुत हूँ, कहाँ चलूँ?

भटार्क : महादेवी के द्वार पर।

शर्वनाग : वहाँ मेरा क्या कर्तव्य होगा?

भटार्क : कोई न तो भीतर जाने पाये और न भीतर से बाहर आने पाये।

शर्वनाग : *(चौंककर)* इसका तात्पर्य?

भटार्क : *(गम्भीरता से)* तुमको महाबलाधिकृत की आज्ञा का पालन करना चाहिए।

शर्वनाग : तब भी क्या स्वयं महादेवी पर नियंत्रण रखना होगा?

भटार्क : हाँ।

शर्वनाग : ऐसा!

[कोलाहल भीषण उल्कापात]

भटार्क : ओह ठीक समय हो गया! अच्छा मैं अभी आता हूँ।

[द्वार खोलकर भटार्क भीतर जाता है]

[रामा का प्रवेश]

रामा : क्यों, तुम आज यहीं हो?

शर्वनाग : मैं, मैं यही हूँ; तुम कैसे?

रामा : मूर्ख! महादेवी सम्राट् को देखना चाहती हैं, परन्तु उनके आने में बाधा है गोबर-गणेश! तू कुछ कर सकता है?

शर्वनाग : मैं क्रोध से गरजते सिंह की पूँछ उखाड़ सकता हूँ; परन्तु सिंहवाहिनी! तुम्हें देखकर मेरे देवता कूच कर जाते हैं।

रामा : *(पैर पटककर)* तुम कीड़े से भी अपदार्थ हो।

शर्वनाग : न-न-न-न, ऐसा न कहो, मैं सब कुछ हूँ। परन्तु मुझे घबराओ मत; समझाकर कहो! मुझे क्या करना होगा?

रामा : महादेवी देवकी की रक्षा करनी होगी, समझा? क्या आज इस सम्पूर्ण गुप्त-साम्राज्य में कोई ऐसा प्राणी नहीं है, जो उनकी रक्षा करे! शत्रु अपने विषैले डंक और तीखे डाढ़ सँवार रहे हैं। पृथ्वी के नीचे कुमंत्रणाओं का क्षीण भूकम्प चल रहा है।

शर्वनाग : यही तो मैं कभी-कभी सोचता था। परन्तु...

रामा : तुम, जिस प्रकार हो सके, महादेवी के द्वार पर जाओ। मैं जाती हूँ। *(जाती है)*

[एक सैनिक का प्रवेश]

सैनिक : नायक! न जाने क्यों हृदय दहल उठा है, जैसे सनसन करती हुई, डर से, यह आधी रात खिसकती जा रही है! पवन में गति है परन्तु शब्द नहीं। 'सावधान' रहने का शब्द मैं चिल्लाकर कहता हूँ; परन्तु मुझे ही सुनाई नहीं पड़ता है। यह सब क्या है नायक?

शर्वनाग : तुम्हारी तलवार कहीं भूल तो नहीं गई है?

सैनिक : म्यान हल्की-सी लगती है, टटोलता हूँ, पर...

शर्वनाग : तुम घबराओ मत, तीन साथियों को साथ लेकर घूमो, सबको सचेत रखो। हम इसी शिला पर हैं, कोई डरने की बात नहीं।

[सैनिक जाता है। फाटक खोलकर पुरगुप्त निकलता है। पीछे भटार्क और सैनिक]

पुरगुप्त : नायक शर्वनाग!

शर्वनाग : जय हो कुमार की! क्या आज्ञा है?

पुरगुप्त : तुम साम्राज्य की शिष्टता सीखो।

शर्वनाग : कुमार! दास चिर-अपराधी है। *(सिर झुका लेता है)*

भटार्क : इन्हें महादेवी के द्वार पर जाने की आज्ञा दीजिए, ये विश्वस्त सैनिक वीर हैं।

पुरगुप्त : जाओ, तुम महादेवी के द्वार पर। जैसा महाबलाधिकृत ने कहा है, वैसा करना।

शर्वनाग : जैसी आज्ञा।

[अपने सैनिकों को साथ लेकर जाता है। दूसरे नायक और सैनिक परिक्रमण करते हैं]

भटार्क : कोई भी पूछे तो यह मत कहना कि सम्राट् का निधन हो गया है। हाँ, बढ़ी हुई अस्वस्थता का समाचार बतलाना और सावधान, कोई भी—चाहे वह कुमारामात्य ही क्यों न हों—भीतर न आने पावें। तुम यही कहना कि परम भट्टारक अत्यन्त विकल हैं किसी से मिलना नहीं चाहते। समझा?

नायक : अच्छा...

[दोनों जाते हैं, फाटक बन्द होता है]

नायक : (सैनिकों से) आज बड़ी विकट अवस्था है, भाइयो सावधान!

[कुमारामात्य, पृथ्वीसेन, महादंडनायक और महाप्रतिहार का प्रवेश]

महाप्रतिहार : नायक, द्वार खोलो, हम लोग परम भट्टारक का दर्शन करेंगे।

नायक : प्रभु! किसी को भीतर जाने की आज्ञा नहीं है।

महाप्रतिहार : *(चौंककर)* आज्ञा! किसकी आज्ञा? अबोध तू नहीं जानता—सम्राट् के अन्त:पुर पर स्वयं सम्राट् का भी उतना अधिकार नहीं जितना महाप्रतिहार का? शीघ्र द्वार उन्मुक्त कर।

नायक : दंड दीजिए प्रभु, परन्तु द्वार न खुल सकेगा।

महाप्रतिहार : तू क्या कह रहा है?

नायक : जैसी भीतर से आज्ञा मिली है।

कुमारामात्य : *(पैर पटककर)* ओह!

महादंडनायक : विलम्ब असह्य है, नायक! द्वार से हट जाओ।

महाप्रतिहार : मैं आज्ञा देता हूँ कि तुम अन्त:पुर से हट जाओ युवक! नहीं तो तुम्हें पदच्युत करूँगा।

नायक : यथार्थ है। परन्तु मैं महाबलाधिकृत की आज्ञा से यहाँ हूँ, और मैं उन्हीं का अधीनस्थ सैनिक हूँ। महाप्रतिहार के अन्त:पुर-रक्षकों में मैं नहीं हूँ।

महाप्रतिहार : क्या अन्त:पुर पर भी सैनिक नियंत्रण है पृथ्वीसेन?

पृथ्वीसेन : इसका परिणाम भयानक है। अन्तिम शैया पर लेटे हुए सम्राट की आत्मा को कष्ट पहुँचाना होगा।

महाप्रतिहार : अच्छा *(कुछ देखकर)* हाँ, शर्वनाग कहाँ गया?

नायक : उसे महाबलाधिकृत ने दूसरे स्थान पर भेजा है।

महाप्रतिहार : *(क्रोध से)* मूर्ख शर्वनाग!

[अन्त:पुर से क्षीण क्रन्दन]

महादंडनायक : *(कान लगाकर सुनते हुए)* क्या सब शेष हो गया? हम अवश्य भीतर जाएँगे।

[तीनों तलवार खींच लेते हैं, नायक भी सामने आ जाता है, द्वार खोलकर पुरगुप्त और भटार्क का प्रवेश]

पृथ्वीसेन : भटार्क! यह सब क्या है?

भटार्क : *(तलवार खींचकर सिर से लगाता हुआ)* परम भट्टारक राजाधिराज पुरगुप्त की जय हो! माननीय कुमारामात्य, महादंडनायक और महाप्रतिहार साम्राज्य के नियमानुसार, शस्त्र अर्पण करके, परम भट्टारक का अभिवादन कीजिए।

[तीनों एक-दूसरे का मुँह देखते हैं]

महाप्रतिहार : तब क्या सम्राट् कुमारगुप्त महेन्द्रादित्य अब संसार में नहीं हैं?

भटार्क : नहीं।

पृथ्वीसेन : परन्तु उत्तराधिकारी युवराज स्कन्दगुप्त?

पुरगुप्त : चुप रहो, तुम लोगों को बैठकर व्यवस्था नहीं देनी होगी। उत्तराधिकारी का निर्णय स्वयं स्वर्गीय सम्राट् कर गये हैं।

पृथ्वीसेन : परन्तु प्रमाण?

पुरगुप्त : क्या तुम्हें प्रमाण देना होगा?

पृथ्वीसेन : अवश्य।

पुरगुप्त : महाबलाधिकृत! इन विद्रोहियों को बन्दी करो।

[भटार्क आगे बढ़ता है]

पृथ्वीसेन : ठहरो भटार्क! तुम्हारी विजय हुई, परन्तु एक बात...

पुरगुप्त : आधी बात भी नहीं, बन्दी करो।

पृथ्वीसेन : कुमार! तुम्हारे दुर्बल और अत्याचारी हाथों में गुप्त साम्राज्य का राजदंड टिकेगा नहीं। सम्भवतः तुम साम्राज्य पर विपत्ति का आवाहन करोगे। इसीलिए कुमार! इससे विरत हो जाओ।

पुरगुप्त : महाबलाधिकृत! क्यों विलम्ब करते हो?

भटार्क : आप लोग शस्त्र रखकर आज्ञा मानिए।

महाप्रतिहार : आततायी! यह स्वर्गीय आर्य चन्द्रगुप्त का दिया हुआ खड्ग तेरी आज्ञा से नहीं रखा जा सकता। उठा अपना शस्त्र, और अपनी रक्षा कर।

पृथ्वीसेन : महाप्रतिहार! सावधान! क्या करते हो? यह अन्तर्विद्रोह का समय नहीं है! पश्चिम और उत्तर से काली घटाएँ उमड़ रही हैं, यह समय बल-नाश करने का नहीं है। आओ, हम लोग गुप्त-साम्राज्य के विधानानुसार चरम प्रतिकार करें। बलिदान देना होगा। परन्तु भटार्क! जिसे तुम खेल समझकर हाथ में ले रहे हो, उस काल-भुजंगी राष्ट्रनीति की—प्राण देकर भी—रक्षा करना। एक नहीं, सौ स्कन्दगुप्त उस पर न्योछावर हों। आर्य साम्राज्य की जय हो! *(छुरा मारकर गिरता है, महाप्रतिहार और महादंडनायक भी वैसा ही करते हैं)*

पुरगुप्त : पाखंड स्वयं विदा हो गये—अच्छा ही हुआ।

भटार्क : परन्तु भूल हुई। ऐसे स्वामिभक्त सेवक!

पुरगुप्त : कुछ नहीं। (भीतर जाता है)

भटार्क : तो जाएँ, सब जाएँ, गुप्त साम्राज्य के हीरों के-से उज्ज्वल हृदयवीर युवकों का शुद्ध रक्त, सब मेरी प्रतिहिंसा राक्षसी के लिए बलि हों!

[दृश्यान्तर]

षष्ठ दृश्य

[नगर-प्रान्त के पथ में]

मुद्गल : (प्रवेश करके) किसी के सम्मान-सहित निमंत्रण देने पर पवित्रता से हाथ-पैर धोकर चौके पर बैठ जाना—एक

दूसरी बात है; और भटकते, थकते, उछलते, कूदते, ठोकर खाते और लुढ़कते—हाथ-पैर की पूजा कराते हुए मार्ग चलना—एक भिन्न वस्तु है। कहाँ हम और कहाँ यह दौड़, कुसुमपुरी से अवन्ति और अवन्ति से मूलस्थान! इस बार की आज्ञा का तो पालन करता हूँ; परन्तु यदि, तथापि, पुनश्च, फिर भी, कभी ऐसी आज्ञा मिली कि इस ब्राह्मण ने साष्टांग प्रणाम किया। अच्छा, इस वृक्ष की छाया में बैठकर विचार कर लूँ कि सैकड़ों योजन लौट चलना अच्छा है कि थोड़ा और चलकर काम कर लेना।

[गठरी रख बैठकर ऊँघने लगता है। मातृगुप्त का प्रवेश]

मातृगुप्त : मुझे तो युवराज ने मूलस्थान की परिस्थिति सँभालने के लिए भेजा, देखता हूँ कि यह मुद्गल भी यहाँ आ पहुँचा! चलें, इसे कुछ तंग करें, थोड़ा मनोविनोद ही सही।

[कपड़े से मुँह छिपाकर, गठरी खींचकर चलता है]

मुद्गल : *(उठकर)* ठहरो भाई, हमारे जैसे साधारण लोग अपनी गठरी आप ही ढोते हैं, तुम कष्ट न करो।

[मातृगुप्त चक्कर काटता है। मुद्गल पीछे-पीछे दौड़ता है]

मातृगुप्त : *(दूर खड़ा होकर)* अब आगे बढ़े कि तुम्हारी टाँग टूटी!

मुद्गल : अपनी गठरी बचाने में टाँग टूटना बुरा नहीं, अपशकुन नहीं। तुम यह न समझना कि हम दूर चलते-चलते थक गये हैं। तुम्हारा पीछा न छूटेगा। हम ब्राह्मण हैं, हमसे शास्त्रार्थ कर लो। डण्डा न दिखाओ। हाँ, मेरी गठरी जो तुम लेते हो, इसमें कौन-सा न्याय है? बोलो...

मातृगुप्त : न्याय? तब तो तुम आप्तावाक्य मानते होगे?

मुद्गल : अच्छा तो तर्कशास्त्र लगाना पड़ेगा?

मातृगुप्त : हाँ, तुमने गीता पढ़ी होगी?

मुद्गल : हाँ अवश्य, ब्राह्मण और गीता न पढ़े!

मातृगुप्त : उसमें लिखा है कि 'न त्वेवाहं जातु नाऽसौ न त्वं नेमे'—न हम हैं, न तुम हो, न यह वस्तु है, न तुम्हारी है, न हमारी—फिर इस छोटी-सी गठरी के लिए इतना झगड़ा।

मुद्गल : ओहो! तुम समझे नहीं!

मातृगुप्त : क्या?

मुद्गल : गीता सुनने के बाद क्या हुआ?

मातृगुप्त : महाभारत!

मुद्गल : तब भइया, इस गठरी के लिए महाभारत का एक लघु संस्करण हो जाना आवश्यक है। गठरी में हाथ लगाया कि डण्डा लगा।

[डंडा तानता है]

मातृगुप्त : मुद्गल, डंडा मत तानो, मैं वैसा मूर्ख नहीं कि सूच्यग्र-भाग के लिए दूध और मधु से बना हुआ एक बूँद भी रक्त गिराऊँ!

[गठरी देता है]

मुद्गल : अरे कौन! मातृगुप्त!

[नेपथ्य में कोलाहल]

मातृगुप्त : हाँ मुद्गल इधर तो शक और हूणों की सम्मिलित सेना घोर आतंक फैला रही है, चारों ओर विप्लव का साम्राज्य है। निरीह भारतीयों की घोर दुर्दशा है।

मुद्गल : और मैं महादेवी का सन्देश लेकर अवन्ति गया, वहाँ युवराज नहीं थे। बलाधिकृत पर्णदत्त की आज्ञा हुई कि महाराजपुत्र गोविन्दगुप्त को जिस तरह हो, खोज निकालो। यहाँ तो विकट समस्या है। हम लोग क्या कर सकते हैं?

मातृगुप्त : कुछ नहीं, केवल भगवान् से प्रार्थना। साम्राज्य में कोई सुनने वाला नहीं, अकेले युवराज स्कन्दगुप्त क्या करेंगे?

मुद्गल : परन्तु भाई, हम ईश्वर होते तो इन मनुष्यों की कोई प्रार्थना सुनते ही नहीं। इनको हर काम में हमारी आवश्यकता पड़ती है। मैं तो घबरा जाता, भला वह तो कुछ सुनते भी हैं।

मातृगुप्त : नहीं मुद्गल, निरीह प्रजा का नाश देखा नहीं जाता। क्या इनकी उत्पत्ति का यही उद्देश्य था? क्या इनका जीवन केवल चींटियों के समान किसी की प्रतिहिंसा पूर्ण करने के लिए है? देखो— वह दूर पर बँधे हुए नागरिक और उन पर हूणों की नृशंसता! ओह!!

मुद्गल : अरे! हाय रे बाप!!

मातृगुप्त : सावधान! असहाय अवस्था में प्रार्थना के अतिरिक्त और कोई उपाय नहीं, आओ, हम लोग भगवान् से विनती करें—

दोनों—

उतारोगे अब कब भू-भार
बार-बार क्यों कह रखा था लूँगा मैं अवतार
उमड़ रहा है इस भूतल पर दुख का पारावार
बाड़व लेलिहान जिह्वा का करता है विस्तार
प्रलय-पयोधर बरस रहे हैं रक्त-अश्रु की धार
मानवता में राक्षसत्व का अब है पूर्ण प्रचार
पड़ा नहीं कानों में अब तक क्या यह हाहाकार
सावधान हो अब तुम जानो मैं तो चुका पुकार

[बन्दियों के साथ हूण सैनिकों का प्रवेश]

हूण : चुप रह क्या गाता है?

मुद्गल : हें, हें, भीख माँगता हूँ, गीत गाता हूँ। आप भी कुछ दीजिएगा?

[दीन मुद्रा बनाता है]

हूण : *(धक्का देते हुए)* चल, एक ओर खड़ा हो। हाँ जी, इन दुष्टों ने कुछ देना अभी स्वीकार नहीं किया, बड़े कुत्ते हैं!

नागरिक : हम निरीह प्रजा हैं। हम लोगों के पास क्या रह गया जो आप लोगों को दें। सैनिकों ने तो पहले ही लूट लिया है।

हूण-सेनापति : तुम लोग बातें बनाना खूब जानते हो। अपना छिपा हुआ धन देकर प्राण बचाना चाहते हो तो शीघ्रता करो, नहीं तो गरम किये हुए लोहे प्रस्तुत हैं—कोड़े और तेल में तर कपड़े भी। उस कष्ट का स्मरण करो!

नागरिक : प्राण तो तुम्हारे हाथों में है, जब चाहो ले लो।

हूण-सेनापति : *(कोड़े से मारता हुआ)* उसे तो लेंगे ही; पर धन कहाँ है?

नागरिक : नहीं है निर्दय! हत्यारे! कह दिया कि नहीं है!

हूण-सेनापति : *(सैनिकों से)* इन बालकों को तेल से भीगा हुआ कपड़ा डालकर जलाओ और स्त्रियों को गरम लोहे से दागो।

स्त्रियाँ : हे नाथ!

हमारे निर्बलों के बल कहाँ हो
हमारे दीन के सम्बल कहाँ हो
नहीं हो नाम ही बस नाम है क्या

सुना केवल यहाँ हो या वहाँ हो
पुकारा जब किसी ने तब सुना था
भला विश्वास यह हमको कहाँ हो!

[स्त्रियों को पकड़कर हूण खींचते हैं]

मातृगुप्त : हे प्रभु!
हमें विश्वास दो अपना बना लो
सदा स्वच्छन्द हों—चाहे जहाँ हों
इन निरीहों के लिए प्राण उत्सर्ग करना धर्म है। कायरो! स्त्रियों पर यह अत्याचार!!

[तलवार से बन्धन काटता है। लपकते हुए संन्यासी का प्रवेश]

संन्यासी : साधु! वीर! सँभलकर खड़े हो जाओ—भगवान् पर विश्वास करके खड़े हो।

मुद्गल : *(पहचानता हुआ)* जय हो, महाराजपुत्र गोविन्दगुप्त की जय हो!

[सब उत्साहित होकर भिड़ जाते हैं। हूण सैनिक भागते हैं]

गोविन्दगुप्त : अच्छा मुद्गल! तुम यहाँ कैसे? और युवक! तुम कौन हो?

मातृगुप्त : युवराज स्कन्दगुप्त का अनुचर।

मुद्गल : वीर पुंगव! इतने दिनों पर दर्शन भी हुआ तो इस वेश में!

गोविन्दगुप्त : क्या कहूँ मुद्गल! स्कन्द कहाँ है?

मातृगुप्त : उज्जयिनी में!

गोविन्दगुप्त : अच्छा है, सुरक्षित है। चलो, दुर्ग में हमारी सेना पहुँच चुकी है। वहाँ विश्राम करो। यहाँ का प्रबन्ध करके हमको शीघ्र आवश्यक कार्य से मालव जाना है। अब हूणों के आतंक का डर नहीं!

सब : जय हो महाराजपुत्र गोविन्दगुप्त की!

गोविन्दगुप्त : पुष्यमित्रों के युद्ध का क्या परिणाम हुआ?

मातृगुप्त : विजय हुई।

गोविन्दगुप्त : और मालव का?

मुद्गल : युवराज थोड़ी सेना लेकर बन्धुवर्म्मा की सहायता के लिए गये हैं।

गोविन्दगुप्त : *(ऊपर देखकर)* वीरपुत्र है! स्कन्द! आकाश के देवता और पृथ्वी की लक्ष्मी तुम्हारी रक्षा करें। आर्य-साम्राज्य के तुम्हीं एकमात्र भरोसे हो।

मुद्गल : तब महाराजपुत्र बड़ी भूख लगी है। प्राण बचते ही भूख का धावा हो गया, शीघ्र रक्षा कीजिए।

गोविन्दगुप्त : हाँ-हाँ सब लोग चलो। *(सब जाते हैं।)*

[दृश्यान्तर]

सप्तम दृश्य

[अवन्ति के दुर्ग में देवसेना, विजया, जयमाला]

विजया : विजय किसकी होगी, कौन जानता है।

जयमाला : तुमको केवल अपने धन की रक्षा का इतना ध्यान है।

देवसेना : और देश के मान का, स्त्रियों की प्रतिष्ठा का, बच्चों की रक्षा का कुछ नहीं।

विजया : *(संकुचित होकर)* नहीं, मेरा अभिप्राय यह नहीं था।

जयमाला : परन्तु एक उपाय है।

विजया : वह क्या?

जयमाला : रक्षा का निश्चित उपाय।

देवसेना : तुम्हारे पिता ने तो उस समय नहीं माना, न सुना, नहीं तो आज इस भय का अवसर ही न आता।

जयमाला : तुम्हारी अपार धन-राशि में से एक क्षुद्र अंश, वही यदि इस धनलोलुप श्रृगालों को दे दिया जाता तो...

विजया : किन्तु इस प्रकार अर्थ देकर विजय खरीदना तो देश की वीरता के प्रतिकूल है।

जयमाला : ठहरो, कोई आ रहा है।

[बन्धुवर्म्मा का प्रवेश]

बन्धुवर्म्मा : प्रिये! अभी तक युवराज का कोई सन्देश नहीं मिला। सम्भवत: शकों और हूणों की सम्मिलित वाहिनी से आज दुर्ग की रक्षा न कर सकूँगा।

जयमाला : नाथ! तब क्या मुझे स्कन्दगुप्त का अभिनय करना होगा? क्या मालवेश को दूसरे की सहायता पर ही राज्य करने का साहस हुआ था? जाओ प्रभु! सेना लेकर सिंह-विक्रम से शत्रु पर टूट पड़ो! दुर्ग-रक्षा का भार मैं लेती हूँ।

विजया : महाराज! यह केवल वाचालता है। दुर्ग रक्षा का भार सुयोग्य सेनापति पर होना चाहिए।

बन्धुवर्म्मा : घबराओ मत श्रेष्ठि-कन्ये!

जयमाला : स्वर्ण-रत्न की चमक देखने वाली आँखें बिजली-सी तलवारों के तेज को कब तक सह सकती हैं। श्रेष्ठि-कन्ये! हम क्षत्राणी हैं, चिर-संगिनी खड्गलता का हम लोगों से चिर-स्नेह है।

बन्धुवर्म्मा : प्रिये! शरणागत और विपन्न की मर्यादा रखनी चाहिए। अच्छा, दुर्ग का तो नहीं, अन्त:पुर का भार तुम्हारे ऊपर है।

देवसेना : भैया, आप निश्चिन्त रहिए।

बन्धुवर्म्मा : भीम दुर्ग का निरीक्षण करेगा; मैं जाता हूँ।

[प्रस्थान]

विजया : भयानक युद्ध समीप जान पड़ता है, क्यों राजकुमारी!

देवसेना : तुम वीणा ले लो तो मैं गाऊँ।

विजया : हँसी न करो राजकुमारी!

जयमाला : बुरा क्या है?

विजया : युद्ध और गान!

जयमाला : युद्ध क्या गान नहीं है? रुद्र का श्रृंगीनाद, भैरवी का तांडवनृत्य और शस्त्रों का वाद्य मिलकर एक भैरव-संगीत की सृष्टि होती है। जीवन के अन्तिम दृश्य को जानते हुए, अपनी आँखों से देखना; जीवन-रहस्य के चरम-सौन्दर्य की नग्न और भयानक वास्तविकता का अनुभव केवल सच्चे वीर-हृदय को होता है। ध्वंसमयी महामाया-प्रकृति का वह निरन्तर संगीत है। उसे सुनने के लिए हृदय में साहस और बल एकत्र करो। अत्याचार के श्मशान में ही मंगल का, शिव का, सत्य सुन्दर संगीत का समारम्भ होता है।

देवसेना : तो भाभी, मैं तो गाती हूँ। एक बार गा लूँ, हमारा प्रिय गान फिर गाने को मिले या नहीं।

जयमाला : तो गाओ न।

विजया : रानी! तुम लोग आग की चिनगारियाँ हो, या स्त्री हो? देवी ज्वालामुखी की सुन्दर लट के समान तुम लोग...

जयमाला : सुनो, देवसेना गा रही है।

[देवसेना गाती है]

भरा नैनों में मन में रूप।
किसी छलिया का अमल अनूप।
जल-थल, मारुत, व्योम में, जो छाया है सब ओर।
खोज-खोजकर खो गई मैं, पागल-प्रेम विभोर।
भाँग से भरा हुआ यह कूप।
भरा नैनों में मन में रूप।
धमनी की तंत्री बजी तू रहा लगाये कान।
बलिहारी मैं, कौन तू है मेरा जीवन-प्रान।
खेलता जैसे छाया-धूप।
भरा नैनों में मन में रूप॥

[सहसा भीमवर्म्मा का प्रवेश]

भीमवर्म्मा : भाभी, दुर्ग का द्वार टूट चुका है। हम अन्त:पुर के बाहरी द्वार पर हैं। अब तुम लोग प्रस्तुत रहना।

जयमाला : उनका क्या समाचार है?

भीमवर्म्मा : अभी कुछ नहीं मिला। गिरिसंकट में उन्होंने शत्रुओं को रोका था, परन्तु दूसरी शत्रु-सेना गुप्त मार्ग से आ गई। मैं जाता हूँ, सावधान!

[जाता है]

[नेपथ्य में कोलाहल, भयानक शब्द]

विजया : महारानी! किसी सुरक्षित स्थान में निकल चलिए।

जयमाला : *(छुरी निकालकर)* रक्षा करने वाली तो पास है, डर क्या, देवसेना?

देवसेना : भाभी! श्रेष्ठि-कन्या के पास नहीं है, उन्हें भी दो।

विजया : न न न, मैं लेकर क्या करूँगी, भयानक!

देवसेना : इतनी सुन्दर वस्तु क्या कलेजे में रख लेने योग्य नहीं है?

विजया : *(धड़ाके का शब्द सुनकर)* ओह! तुम लोग बड़ी निर्दय हो!

जयमाला : जाओ, एक ओर छिपकर खड़ी हो जाओ!

[रक्त से लथपथ भीमवर्म्मा का प्रवेश]

भीमवर्म्मा : भाभी! रक्षा न हो सकी, अब तो मैं जाता हूँ। वीरों के वरणीय सम्मान को अवश्य प्राप्त करूँगा। परन्तु...

जयमाला : हम लोगों की चिन्ता न करो, वीर! स्त्रियों की, ब्राह्मणों की, पीड़ितों और अनाथों की रक्षा में प्राण-विसर्जन करना, क्षत्रिय का धर्म है। एक प्रलय की ज्वाला अपनी तलवार से फैला दो। भैरव के शृंगीनाद के समान प्रबल हुंकार से शत्रु-हृदय कँपा दो! वीर! बढ़ो, गिरो तो मध्याह्न के भीषण सूर्य के समान!—आगे-पीछे, सर्वत्र आलोक और उज्ज्वलता रहे!

[भीमवर्म्मा का प्रस्थान। द्वार का टूटना। विजयी शत्रु-सेनापति का प्रवेश। भीमवर्म्मा का आकर रोकना। गिरते-गिरते भीमवर्म्मा का जयमाला और देवसेना की सहायता से युद्ध। सहसा स्कन्दगुप्त का सैनिकों के साथ प्रवेश]

घोष : 'युवराज स्कन्दगुप्त की जय!'

[शक और हूण स्तम्भित होते हैं]

स्कन्दगुप्त : ठहरो देवियो! स्कन्द के जीवित रहते स्त्रियों को शस्त्र नहीं चलाना पड़ेगा।

[युद्ध। सब पराजित और बन्दी होते हैं]

विजया : *(झाँककर)* अहा! कैसी भयानक और सुन्दर मूर्ति है!

स्कन्दगुप्त : *(विजया को देखकर)* यह—यह कौन?

[पटापेक्ष]

द्वितीय अंक

प्रथम दृश्य

[मालव में शिप्रा-तट पर कुंज में]

देवसेना : इसी पृथ्वी पर है और अवश्य है।

विजया : कहाँ राजकुमारी? संसार में छल, प्रवंचना और हत्याओं को देखकर कभी-कभी मान ही लेना पड़ता है कि यह जगत् ही नरक है, कृतघ्नता और पाखंड का साम्राज्य यहीं है। छीना-झपटी, नोच-खसोट, मुँह से आधी रोटी छीनकर भागने वाले विकट जीव यहीं तो हैं। श्मशान के कुत्तों से भी बढ़कर मनुष्यों की पतित दशा है।

देवसेना : पवित्रता की माप है मलिनता, सुख का आलोचक है दुख, पुण्य की कसौटी है पाप। विजया! आकाश के सुन्दर नक्षत्र आँखों से केवल देखे ही जाते हैं, वे कुसुम-कोमल हैं कि वज्र-कठोर—कौन कह सकता है। आकाश में खेलती हुई कोकिला की करुणामयी तान का कोई रूप है या नहीं, उसे देख नहीं पाते। शतदल और पारिजात का सौरभ बिठा रखने की वस्तु नहीं। परन्तु संसार में ही नक्षत्र-से उज्ज्वल—किन्तु कोमल—स्वर्गीय संगीत की प्रतिमा तथा स्थायी कीर्ति-सौरभ वाले प्राणी देखे जाते हैं। उन्हीं से स्वर्ग का अनुमान कर लिया जा सकता है।

विजया : होंगे, परन्तु मैंने नहीं देखा।

देवसेना : तुमने सचमुच कोई ऐसा व्यक्ति नहीं देखा?

विजया : नहीं तो...

देवसेना : समझकर कहो।

विजया : हाँ, समझ लिया।

देवसेना : क्या तुम्हारा हृदय कभी पराजित नहीं हुआ? विजया! विचार कर कहो, किसी भी असाधारण महत्त्व से तुम्हारा उद्दंड हृदय अभिभूत नहीं हुआ? यदि हुआ है, तो वही स्वर्ग है। जहाँ हमारी सुन्दर कल्पना आदर्श का नीड़ बनाकर विश्राम करती है, वही स्वर्ग है। वही विहार का, वही प्रेम करने का स्थल, स्वर्ग है, और वह इसी लोक में मिलता है। जिसे नहीं मिला, वह इस संसार में अभागा है।

विजया : तो राजकुमारी, मैं कह दूँ?

देवसेना : हाँ, हाँ, तुम्हें कहना ही होगा?

विजया : मुझे तो आज तक किसी को देखकर हारना नहीं पड़ा। हाँ, एक युवराज के सामने मन ढीला हुआ, परन्तु मैं उसे कुछ राजकीय प्रभाव भी कहकर टाल दे सकती हूँ।

देवसेना : नहीं विजया! वह टालने से, बहला देने से, नहीं हो सकता। तुम भाग्यवती हो, देखो यदि वह स्वर्ग तुम्हारे हाथ लगे। *(सामने देखकर)* अरे लो! वह युवराज आ रहे हैं। हम लोग हट चलें।

[दोनों जाती हैं। स्कन्दगुप्त का प्रवेश, पीछे चक्रपालित]

स्कन्दगुप्त : विजय का क्षणिक उल्लास हृदय की भूख मिटा देगा? कभी नहीं। वीरों का भी क्या ही व्यवसाय है, क्या ही उन्मत्त भावना है। चक्रपालित! संसार में जो सबसे महान् है, वह क्या है? त्याग! त्याग का ही दूसरा नाम महत्त्व है। प्राणों का मोह त्याग करना, वीरता का रहस्य है।

चक्रपालित : युवराज! सम्पूर्ण संसार कर्मण्य वीरों की चित्रशाला है। वीरत्व एक स्वावलम्बी गुण है। प्राणियों का विकास सम्भवत: इसी विचार के ऊर्जित होने से हुआ है। जीवन में वही तो विजयी होता है जो दिन-रात 'युद्धस्व विगतज्वर:' का शंखनाद सुना करता है।

स्कन्दगुप्त : चक्र! ऐसा जीवन तो विडम्बना है, जिसके लिए दिन-रात लड़ना पड़े! आकाश में जब शीतल शुभ्र शरद-शशि का विलास हो, तब भी दाँत-पर-दाँत रखे, मुट्ठियों को बाँधे, लाल आँखों से एक-दूसरे को घूरा करें! बसन्त के मनोहर प्रभात में, निभृत कान्तारों में, चुपचाप बहने वाली सरिताओं का स्रोत गरम रक्त बहाकर लाल कर दिया जाय! नहीं

चक्र! मेरी समझ में मानव जीवन का यही उद्देश्य नहीं है। कोई और भी निगूढ़ रहस्य है, चाहे उसे मैं स्वयं न जान सका हूँ।

चक्रपालित : सावधान युवराज! प्रत्येक जीवन में कोई बड़ा काम करने के पहले ऐसे ही दुर्बल विचार आते हैं! वह तुच्छ प्राणों का मोह है। अपने को झगड़ों से अलग रखने के लिए, अपनी रक्षा के लिए यह उसका क्षुद्र प्रयत्न होता है। अयोध्या चलने के लिए आपने कब का समय निश्चित किया है? राजसिंहासन कब तक सूना रहेगा? पुष्यमित्रों और शकों के युद्ध समाप्त हो चुके हैं।

स्कन्दगुप्त : तुम मुझे उत्तेजित कर रहे हो।

चक्रपालित : हाँ युवराज! मुझे यह अधिकार है।

स्कन्दगुप्त : नहीं चक्र! अश्वमेध-पराक्रम स्वर्गीय सम्राट् कुमारगुप्त का आसन मेरे योग्य नहीं है। मैं झगड़ा करना नहीं चाहता, मुझे सिंहासन न चाहिए। पुरगुप्त को रहने दो। मेरा अकेला जीवन है। मुझे...

चक्रपालित : यह नहीं होगा। यदि राजशक्ति के केन्द्र में ही अन्याय होगा, तब तो समग्र राष्ट्र अन्यायों का क्रीड़ा-स्थल हो जायेगा। आपको सबके अधिकारों की रक्षा के लिए अपना अधिकार सुरक्षित करना ही पड़ेगा।

[चर का आना। कुछ संकेत करना। दोनों का प्रस्थान। देवसेना और विजया का प्रवेश]

विजया : यह क्या राजकुमारी! युवराज तो उदासीन हैं।

देवसेना : हाँ विजया, युवराज की मानसिक अवस्था कुछ बदली हुई है।

विजया : दुर्बलता इन्हें राज्य से हटा रही है।

देवसेना : कहीं तुम्हारा सोचा हुआ युवराज के महत्त्व का परदा तो नहीं हट रहा है? क्यों विजया! वैभव का भय तुम्हें खटकने तो नहीं लगा?

विजया : राजकुमारी! तुम तो निर्दय वाग्बाणों का प्रयोग कर रही हो।

देवसेना : नहीं विजया, बात ऐसी नहीं है! धनवानों के हाथ में माप ही एक है; वे विद्या, सौन्दर्य, बल, पवित्रता और तो क्या, हृदय भी उसी से मापते हैं। वह माप है—उनका ऐश्वर्य।

विजया : परन्तु राजकुमारी! इस उदार दृष्टि से तो चक्रपालित क्या, पुरुष नहीं है? अवश्य है। वीर हृदय है, प्रशस्त वक्ष है, उदार मुख-मंडल है!

देवसेना : और सबसे अच्छी एक बात है। तुम समझती हो कि वह महत्त्वाकांक्षी है। उसे तुम अपने वैभव से क्रय कर सकती हो, क्यों? भाई, तुमको लेना है, तुम स्वयं समझ लो, मेरी दलाली नहीं चलेगी।

विजया : जाओ राजकुमारी!

देवसेना : एक गाना सुनोगी?

विजया : महारानी खोजती होंगी, अब चलना चाहिए।

देवसेना : तब तुम अभी प्रेम करने का, मनुष्य फँसाने का, ठीक सिद्धान्त नहीं जानती हो।

विजया : क्या?

देवसेना : नये ढंग के आभूषण, सुन्दर वसन, भरा हुआ यौवन—यह सब तो चाहिए ही; परन्तु एक वस्तु और चाहिए। पुरुष को वशीभूत करने के पहले चाहिए, धोखे की टट्टी। मेरा तात्पर्य है—एक वेदना अनुभव करने का, एक विह्वलता का, अभिनय उसके मुख पर रहे—जिससे कुछ आड़ी-तिरछी रेखाएँ मुख पर पड़ें और मूर्ख मनुष्य उन्हीं को लेने के लिए व्याकुल हो जाय। और फिर दो बूँद गरम-गरम आँसू और इसके बाद एक तान बागीश्वरी की करुण-कोमल तान। बिना इसके सब रंग फीका...

विजया : उस समय भी गान?

देवसेना : बिना गान के कोई कार्य नहीं। विश्व के प्रत्येक कम्प में एक तान है। अहा! तुमने सुना नहीं? दुर्भाग्य तुम्हारा। सुनोगी?

विजया : राजकुमारी! गाने का भी रोग होता है क्या? हाथ को ऊँचे-नीचे हिलाना, मुँह बनाकर एक भाव प्रकट करना, फिर सिर को जोर से हिला देना, जैसे उस तान से शून्य में हिलोर उठ गई!

देवसेना : विजया! प्रत्येक परमाणु के मिलने में एक सम है, प्रत्येक हरी-हरी पत्ती के हिलने में एक लय है। मनुष्य ने अपना स्वर विकृत कर रखा है, इसी से तो उसका स्वर विश्व-वीणा में शीघ्र नहीं मिलता। पांडित्य के मारे जब देखो, जहाँ देखो, बेताल-बेसुरा बोलेगा। पक्षियों को देखो, उनकी 'चहचह' 'कलकल' 'छलछल' में, 'काकली' में, रागिनी है।

विजया : राजकुमारी, क्या कह रही हो?

देवसेना : तुमने एकान्त टीले पर सबसे अलग, शरद के सुन्दर प्रभात में फूला हुआ, फूलों से लदा हुआ, पारिजात-वृक्ष देखा है?

विजया : नहीं तो।

देवसेना : उसका स्वर अन्य वृक्षों से नहीं मिलता। वह अकेले अपने सौरभ की तान से दक्षिण पवन में कम्प उत्पन्न करता है, कलियों को चटकाकर, ताली बजाकर, झूम-झूमकर नाचता है। अपना नृत्य, अपना संगीत, वह स्वयं देखता है—सुनता है। उसके अन्तर में जीवन-शक्ति वीणा बजाती है। वह बड़े कोमल स्वर में गाता है—

घने प्रेम-तरु-तले,
बैठ छाँह लो भव-आतप से तापित और जले।
छाया है विश्वास की श्रद्धा-सरिता-कूल,
सिंची आँसुओं से मृदुल है परागमय धूल,
यहाँ कौन जो छले!
फूल चू पड़े बात से भरे हृदय का घाव,
मन की कथा व्यथा-भरी बैठो सुनते जाव,
कहाँ जा रहे चले!
पी लो छवि-रस माधुरी सींचो जीवन-बेल,
जी लो सुख से आयु-भर यह माया का खेल,
मिलो, स्नेह से गले।
घने प्रेम-तरु-तले।

[बन्धुवर्म्मा का प्रवेश]

देवसेना : *(संकुचित होती-सी)* अरे भइया...

बन्धुवर्म्मा : देवसेना, तुझे गाने का भी विचित्र रोग है!

देवसेना : रोग तो एक-न-एक सभी को लगा है। परन्तु यह रोग अच्छा है, इससे कितने रोग अच्छे किये जा सकते हैं।

बन्धुवर्म्मा : पगली! जा देख, युवराज जा रहे हैं; कुसुमपुर से कोई समाचार आया है।

देवसेना : तब उन्हें जाना आवश्यक होगा। भाभी बुलाती हैं क्या?

बन्धुवर्म्मा : हाँ उनकी विदाई करनी होगी। सम्भवत: सिंहासन पर बैठने का—राज्याभिषेक का प्रकरण होगा।

देवसेना : क्या आपको ठीक नहीं मालूम?

बन्धुवर्म्मा : नहीं तो, मुझसे कुछ कहा नहीं परन्तु भौंहों के नीचे एक गहरी छाया है, बात कुछ समझ में नहीं आती।

देवसेना : भइया, तुम लोगों के पास बातें छिपा रखने का एक भारी रहस्य है। जी खोलकर कह देने में पुरुषों की मर्यादा घटती है। जब तुम्हारा हृदय भीतर से क्रन्दन करता है, तब तुम लोग एक मुस्कराहट से टाल देते हो—यह बड़ी प्रवंचना है।

बन्धुवर्म्मा : *(हँसकर)* अच्छा जा उधर, उपदेश मत दे।

[विजया और देवसेना जाती हैं]

बन्धुवर्म्मा : उदार-वीर हृदय, देवोपम-सौन्दर्य, इस आर्यावर्त्त का एकमात्र आशास्थल इस युवराज का विशाल मस्तक कैसी वक्र लिपियों से अंकित है! अन्त:करण में तीव्र अभिमान के साथ विराग है। आँखों में एक जीवन-पूर्ण ज्योति है। भविष्य के साथ इसका युद्ध होगा, देखूँ कौन विजयी होता है। परन्तु मैं प्रतिज्ञा करता हूँ कि अब से इस वीर परोपकारी के लिए मेरा सर्वस्व अर्पित है। चलूँ—

[जाता है]

[दृश्यान्तर]

द्वितीय दृश्य

[मठ में प्रपंचबुद्धि, भटार्क और शर्वनाग]

प्रपंचबुद्धि : बाहर देख लो, कोई है तो नहीं।

[शर्व जाकर लौट आता है]

शर्वनाग : कोई नहीं, परन्तु आप इतना चौंकते क्यों हैं? मैं तो कभी यह चिन्ता नहीं करता कि कौन आया है या कौन आवेगा।

प्रपंचबुद्धि : तुम नहीं जानते।

शर्वनाग : नहीं श्रवण! खड्ग हाथ में लिये प्रत्येक भविष्यत् की मैं प्रतीक्षा करता हूँ। जो कुछ होगा, वही निबटा लेगा। इतने

डर की, घबराहट की आवश्यकता नहीं। विश्वास करना और देना, इतने ही लघु व्यापार से संसार की सब समस्याएँ हल हो जाएँगी।

प्रपंचबुद्धि : प्रत्येक भित्ति के, किवाड़ों के कान होते हैं; समझ लेना चाहिए, देख लेना चाहिए।

शर्वनाग : अच्छी बात है, कहिए।

भटार्क : पहले तुम चुप तो रहो।

[शर्व चुप रहने की मुद्रा बनाता है]

प्रपंचबुद्धि : धर्म की रक्षा करने के लिए प्रत्येक उपाय से काम लेना होगा।

शर्वनाग : भिक्षु शिरोमणे! वह कौन-सा धर्म है, जिसकी हत्या हो रही है?

प्रपंचबुद्धि : यही हत्या रोकना, अहिंसा, गौतम का धर्म है। यज्ञ की बलियों को रोकना, करुणा और सहानुभूति की प्रेरणा से कल्याण का प्रचार करना। हाँ, अवसर ऐसा है कि हम वह काम भी करें जिससे तुम चौंक उठो। परन्तु नहीं, वह तो तुम्हें करना ही होगा।

भटार्क : क्या?

प्रपंचबुद्धि : महादेवी देवकी के कारण राजधानी में विद्रोह की सम्भावना है, उन्हें संसार से हटाना होगा।

शर्वनाग : ठीक है, तभी आप चौंकते हैं, और तभी धर्म की रक्षा करनी होगी। हत्या के द्वारा हत्या का निषेध कर लेंगे—क्यों?

भटार्क : ठहरो शर्व! परन्तु महास्थविर! क्या इसकी अत्यन्त आवश्यकता है?

प्रपंचबुद्धि : नितान्त।

शर्वनाग : बिना इसके काम नहीं चलेगा? धर्म नहीं प्रचारित होगा?

प्रपंचबुद्धि : और यह काम शर्व को करना होगा।

शर्वनाग : *(चौंककर)* मुझे? मैं कदापि नहीं...

भटार्क : शीघ्रता न करो शर्व! भविष्यत् के सुखों से इसकी तुलना करो।

शर्वनाग : नाप-तौल मैं नहीं जानता, मुझे शत्रु दिखा दो। मैं भूखे भेड़िये की भाँति उसका रक्तपान कर लूँगा, चाहे मैं ही क्यों न मारा जाऊँ; परन्तु निरीह हत्या—यह मुझसे नहीं...।

भटार्क : मेरी आज्ञा।

शर्वनाग : तुम सैनिक हो, उठाओ तलवार। चलो, दो सहस्र शत्रुओं पर हम दो मनुष्य आक्रमण करें। देखें, मरने से कौन भागता है। कायरता! अबला महादेवी की हत्या! किस प्रलोभन में तुम पिशाच बन रहे हो?

भटार्क : सावधान सर्व! इस चक्र से तुम नहीं निकल सकते। या तो करो या मरो। मैं सज्जनता का स्वांग नहीं ले सकता, मुझे वह नहीं भाता। मुझे कुछ है, वह जैसे मिलेगा—लूँगा। साथ दोगे तो तुम भी लाभ में रहोगे।

शर्वनाग : नहीं भटार्क! लाभ के लिए ही मनुष्य सब काम करता, तो पशु बना रहना ही उसके लिए पर्याप्त था, मुझसे यह नहीं होने का।

प्रपंचबुद्धि : ठहरो भटार्क। मुझे पूछने दो। क्यों शर्व! तुमने जो यह अस्वीकार किया है, वह क्यों? पाप समझकर?

शर्वनाग : अवश्य।

प्रपंचबुद्धि : तुम किसी कर्म को पाप नहीं कह सकते, वह अपने नग्न रूप में पूर्ण है, पवित्र है। संसार ही युद्ध-क्षेत्र है, इससे पराजित होकर शस्त्र अर्पण करके जीने से क्या लाभ? तुम युद्ध में हत्या करना धर्म समझते हो? परन्तु दूसरे स्थल पर अधर्म?

शर्वनाग : हाँ।

प्रपंचबुद्धि : मार डालना, प्राणी का अन्त कर देना, दोनों स्थलों में एक-सा है, केवल देश और काल का भेद है। यही न?

शर्वनाग : हाँ, ऐसा ही तो।

प्रपंचबुद्धि : तब तुम स्थान और समय की कसौटी पर कर्म को परखते हो, इसी से कर्म के अच्छे और बुरे होने की जाँच करते हो।

शर्वनाग : दूसरा उपाय क्या?

प्रपंचबुद्धि : है क्यों नहीं। हम कर्म की जाँच परिणाम से करते हैं, और यही उद्देश्य तुम्हारे स्थान और समय वाली जाँच का होगा।

शर्वनाग : परन्तु जिसके भावी परिणाम को अभी तुम देख न सके, उसके बल पर तुम कैसे पूर्व-कर्म कर सकते हो?

प्रपंचबुद्धि : आशा पर, जो सृष्टि का रहस्य है। आओ इसका एक प्रत्यक्ष उदाहरण दें। *(मदिरा का पात्र भरता है, स्वयं पीकर सबको पिलाता है, बार-बार ऐसा करता है)*

प्रपंचबुद्धि : क्यों, कैसी कड़वी थी?

शर्वनाग : उँह, हृदय तक लकीर खिंच गई!

भटार्क : परन्तु अब तो एक आनन्द का स्रोत हृदय में बहने लगा है।

शर्वनाग : मैं नाचूँ? *(उठना चाहता है)*

प्रपंचबुद्धि : ठहरो, मेरे साथ।

[उठकर दोनों नाचते हैं। अकस्मात् लड़खड़ाकर प्रपंचबुद्धि गिर पड़ता है। चोट लगती है]

भटार्क : अरे रे! *(सँभलकर उठाता है)*

प्रपंचबुद्धि : कुछ चिन्ता नहीं।

शर्वनाग : बड़ी चोट आई!

प्रपंचबुद्धि : परन्तु परिणाम अच्छा हुआ। तुम लोगों पर भारी विपत्ति आने वाली थी।

भटार्क : वह टल गई क्या? *(आश्चर्य से देखता है)*

शर्वनाग : क्यों सेनापति! टल गई!

प्रपंचबुद्धि : उसी विपत्ति का निवारण करने के लिए मैंने यह कष्ट सहा। मैं तुम लोगों के भूत, भविष्यत् और वर्तमान का नियामक रक्षक और द्रष्टा हूँ। आओ, अब तुम लोग निर्भय हो।

भटार्क : धन्य गुरुदेव!

शर्वनाग : आश्चर्य!

भटार्क : शंका न करो, श्रद्धा करो; श्रद्धा का फल मिलेगा। शर्व, अब भी तुम विश्वास नहीं करते?

शर्वनाग : करता हूँ। जो आज्ञा होगी वही करूँगा।

प्रपंचबुद्धि : अच्छी बात है, चलो—

[सब जाते हैं। कुमारदास रूपी धातुसेन का प्रवेश]

धातुसेन : मैं अभी यहीं रह गया, सिंहल नहीं गया। इस रहस्यपूर्ण अभिनय को देखने की इच्छा बलवती हुई। परन्तु मुद्गल तो अभी नहीं आया, यहाँ तो आने को था! *(देखता है)* लो वह आ गया।

मुद्गल : क्यों भइया, तुम्हीं धातुसेन हो?

धातुसेन : *(हँसकर)* पहचानते नहीं?

मुद्गल : किसी की धातु पहचानना बड़ा असाधारण कार्य है। तुम किस धातु के हो?

धातुसेन : भाई, सोना अत्यन्त घन होता है, बहुत शीघ्र गरम होता है, और हवा लग जाने से शीतल हो जाता है। मूल्य भी बहुत लगता

है। इतने पर भी सिर पर बोझ-सा रहता है। मैं सोना नहीं हूँ, क्योंकि उसकी रक्षा के लिए भी एक धातु की आवश्यकता होती है, वह है 'लोहा'।

मुद्‌गल : तब तुम लोहे के हो?

धातुसेन : लोहा बड़ा कठोर होता है। कभी-कभी वह लोहे को भी काट डालता है। उँहूँ, भाई! मैं तो मिट्टी हूँ—मिट्टी, जिसमें से सब निकलते हैं। मेरी समझ में तो मेरे शरीर की धातु मिट्टी है, जो किसी के लोभ की सामग्री नहीं, और वास्तव में उसी के लिए सब धातु अस्त्र बनकर चलते हैं, लड़ते हैं, जलते हैं, टूटते हैं, फिर मिट्टी होते हैं। इसलिए मुझे मिट्टी समझो—धूल समझो। परन्तु यह तो बताओ, महादेवी की मुक्ति के लिए क्या उपाय सोचा?

मुद्‌गल : मुक्ति का उपाय! अरे ब्राह्मण की मुक्ति भोजन करते हुए मरने में, बनियों की दीवालों की चोट से गिर जाने में, और शूद्रों की—हम तीनों की ठोकरों से मुक्ति-ही-मुक्ति है। महादेवी तो क्षत्राणी हैं, सम्भवत: उनकी मुक्ति शस्त्र से होगी।

धातुसेन : तुमने ठीक सोचा। आज अर्द्धरात्रि में कारागार में!

मुद्‌गल : कुछ चिन्ता नहीं, चलो युवराज आ गये हैं।

धातुसेन : मैं भी प्रस्तुत रहूँगा।

[दोनों का प्रस्थान]

[दृश्यान्तर]

तृतीय दृश्य

[देवकी के राजमन्दिर के बाहरी भाग में मिदिरोन्मत्त शर्वनाग का प्रवेश]

शर्वनाग : कदम्ब, कामिनी, कंचन—वर्णमाला के पहले अक्षर! करना होगा। इन्हीं के लिए कर्म करना होगा। मनुष्य को यदि इन कवर्गों की चाह नहीं तो कर्म क्यों करें? 'कर्म' में एक 'कु' और जोड़ दें। लो, अच्छी वर्णमैत्री होगी! लड़खड़ाते हुए कादम्ब! ओह प्यास! *(प्याले में मदिरा उड़ेलता है)*

लाल—यह क्या रक्त? आह! कैसी भीषण कमनीयता है! लाल मदिरा लाल नेत्रों से लाल-लाल रक्त देखना चाहती है। किसका? एक प्राणी का, जिसके कोमल मांस में रक्त मिला हो। अरे रे, नहीं, दुर्बल नारी। उँह, यह तेरी दुर्बलता है। चल अपना काम देख, देख—सामने सोने का संसार खड़ा है!

[रामा का प्रवेश]

रामा : पामर! सोने की लंका राख हो गई।

शर्वनाग : उसमें मदिरा न रही होगी, सुन्दरी!

रामा : मदिरा का समुद्र उफन रहा था—मदिरा समुद्र के तट पर ही तो लंका बसी थी!

शर्वनाग : तब उसमें तुम जैसी कोई कामिनी न होगी। तुम कौन हो—स्वर्ग की अप्सरा या स्वप्न की चुड़ैल?

रामा : स्त्री को देखते ही ढिलमिल हुए, आँखें फाड़कर देखते हैं—जैसे खा जाएँगे। मैं कोई हूँ!

शर्वनाग : सुन्दरी! यह तुम्हारा ही दोष है। तुम लोगों का वेश-विन्यास, आँखों की लुका-चोरी, अंगों का सिमटना, चलने में एक क्रीड़ा, एक कौतूहल, पुकारकर-टोककर कहते हैं—'हमें देखो।' हम क्या करें देखते ही बनता है!

रामा : दुर्वृत्त मद्यप! तू अपनी स्त्री को नहीं पहचानता है—परस्त्री समझ कर उसे छेड़ता है।

शर्वनाग : *(सँभलकर)* अयँ! अरे ओह! मेरी रामा, तुम हो?

रामा : हाँ मैं हूँ।

शर्वनाग : *(हँसकर)* तभी तो मैं तुमको जानकर ही बोला, नहीं भला मैं किसी परस्त्री से—*(जीभ निकालकर कान पकड़ता है।)*

रामा : अच्छा, यह तो बताओ, कादम्ब पीना कहाँ से सीखा है? और यह क्या बकते थे?

शर्वनाग : अरे प्रिये! तुमसे न कहूँगा तो किससे कहूँगा, सुनो...

रामा : हाँ, हाँ कहो।

शर्वनाग : *(निकट जाकर)* तुमको रानी बनाऊँगा।

रामा : *(चौंककर)* क्या?

शर्वनाग : *(और निकट जाकर)* तुम्हें सोने से लाद दूँगा।

रामा : किस तरह?

शर्वनाग : वह भी बतला दूँ? तुम नित्य कहती आई हो कि 'तू निकम्मा है, अपदार्थ है, कुछ नहीं है'—तो मैं कुछ कर दिखाना चाहता हूँ।

रामा : अरे कहो भी!

शर्वनाग : वह पीछे बताऊँगा। आज तुम महादेवी के बन्दीगृह में न जाना, समझा न?

रामा : *(उत्सुकता से)* क्यों?

शर्वनाग : सोना लेना हो, मान लेना हो, तो ऐसा ही करना, क्योंकि आज वहाँ जो कांड होगा, तुम उसे देख न सकोगी। तुम अभी इसी स्थान से लौट जाओ।

रामा : *(डरती हुई)* क्या करोगे? तुम पिशाच की दुष्कामना से भी भयानक दिखाई देते हो! तुम क्या करोगे? बोलो!

शर्वनाग : *(मद्यपान करता हुआ)* हत्या! थोड़ी-सी मदिरा दे, शीघ्र दे, नहीं तो छुरा भोंक दूँगा। ओह मेरा नशा उखड़ा जा रहा है।

रामा : आज तुम्हें क्या हो गया है। मेरे स्वामी! मेरे...

शर्वनाग : अभी मैं तेरा कुछ नहीं हूँ। सोना मिलने से सब हो जाऊँगा, इसी का उद्योग कर रहा हूँ।

[इधर-उधर देखकर बगल से सुराही निकालकर पीता है]

रामा : ओह! मैं समझ गई! तूने बेच दिया—पिशाच के हाथ तूने अपने को बेच दिया! अहा! ऐसा सुन्दर, ऐसा मनुष्योचित मन कौड़ी के मोल बेच दिया। लोभवश मनुष्य से पशु हो गया है। रक्तपिपासु! क्रूरकर्मा मनुष्य! कृतघ्नता की कीच का कीड़ा! नरक की दुर्गन्ध! तेरी इच्छा कदापि पूर्ण न होने दूँगी। मेरे रक्त के प्रत्येक परमाणु में जिसकी कृपा की शक्ति है, जिसके स्नेह का आकर्षण है, उनके प्रतिकूल आचरण! वह मेरा पति तो क्या, स्वयं ईश्वर भी हो, नहीं करने पावेगा।

शर्वनाग : क्या—तूँ—ओ—तूँ...

रामा : हाँ-हाँ, मैं न होने दूँगी। मुझे ही मार ले हत्यारे! मद्यप! तेरी रक्त-पिपासा शान्त हो जाय। परन्तु महादेवी पर हाथ लगाया तो मैं पिशाचिनी-सी प्रलय की काली आँधी बनकर कुचक्रियों के जीवन की काली राख अपने शरीर में लपेट कर तांडव-नृत्य करूँगी। मान जा, इसी में तेरा भला है।

शर्वनाग : अच्छा, तू इसमें विघ्न डालेगी। तू क्या, विघ्नों का पहाड़ भी होगा तो ठोकरों से हटा दिया जायेगा। मुझे सोना और सम्मान मिलने में कौन बाधा देगा?

रामा : मैं दूँगी। सोना मैं नहीं चाहती, मान मैं नहीं चाहती। मुझे अपना स्वामी अपने उसी मनुष्य-रूप में चाहिए। *(पैर पकड़ती है)* स्वामी हिंस्र पशु भी जिनसे पाले जाते हैं, उन पर चोट नहीं करते, अरे तुम तो मस्तिष्क रखने वाले मनुष्य हो।

शर्वनाग : *(ठुकरा देता है)* जा, तू हट जा, नहीं तो मुझे एक के स्थान पर दो हत्याएँ करनी पड़ेंगी! मैं प्रतिश्रुत हूँ, वचन दे चुका हूँ।

रामा : *(प्रार्थना करती हुई)* तुम्हारा यह झूठा सत्य है। ऐसी प्रतिज्ञाओं का पालन सत्य नहीं कहा जा सकता, ऐसे धोखे के सत्य लेकर ही संसार में पाप और असत्य बढ़ते हैं। स्वामी! मान जाओ।

शर्वनाग : ओह, विलम्ब होता है तो पहले तू ही ले—*(पकड़ना और मारना चाहता है, रामा शीघ्रता से हाथ छुड़ाकर भाग जाती है)*

[अनन्तदेवी, प्रपंचबुद्धि और भटार्क का प्रवेश]

भटार्क : शर्व!

शर्वनाग : जय हो! मैं प्रस्तुत हूँ, परन्तु मेरी स्त्री इसमें बाधा डालना चाहती है। मैं पहले उसी को पकड़ना चाहता था, परन्तु वह भागी।

अनन्तदेवी : सौगन्ध है। यदि तू विश्वासघात करेगा तो कुत्तों से नुचवा दिया जायेगा।

प्रपंचबुद्धि : शर्व! तुम तो स्त्री नहीं हो।

शर्वनाग : नहीं, मैं प्रतिश्रुत हूँ परन्तु...

भटार्क : तुम्हारी पद-वृद्धि और पुरस्कार का प्रमाण-पत्र यह प्रस्तुत है। *(दिखाता है)* काम हो जाने पर...

शर्वनाग : तब शीघ्र चलिए, दुष्टा रामा भीतर पहुँच गई होगी।

[सब जाते हैं]

[दृश्यान्तर]

चतुर्थ दृश्य

[बन्दीगृह में देवकी और रामा]

रामा : महादेवी। मैं लज्जा के गर्त में डूब रही हूँ। मुझे कृतज्ञता और सेवा-धर्म धिक्कार दे रहे हैं। मेरा स्वामी...

देवकी : शान्त हो रामा! बुरे दिन कहते किसे हैं? जब स्वजन लोग अपने शील-शिष्टाचार का पालन करें—आत्मसमर्पण, सहानुभूति, सत्यपथ का अवलम्बन करें, तो दुर्दिन का साहस नहीं कि उस कुटुम्ब की ओर आँख उठाकर देखे। इसलिए इस कठोर समय में भगवान् की स्निग्ध करुणा का शीतल ध्यान कर।

रामा : महादेवी! परन्तु आपकी क्या दशा होगी?

देवकी : मेरी दशा? मेरी लाज का बोझ उसी पर है जिसने वचन दिया है, जिस विषद्-भंजन की असीम दया अपना स्निग्ध अंचल सब दुखियों के आँसू पोंछने के लिए सदैव हाथ में लिये रहती है।

रामा : परन्तु उसने पिशाच का प्रतिनिधित्व ग्रहण किया है, और...

देवकी : न घबरा रामा! एक पिशाच नहीं नरक के असंख्य दुर्दान्त प्रेतों और क्रूर पिशाचों का त्रास और उनकी ज्वाला दयामय की कृपादृष्टि के एक बिन्दु से शान्त होती है।

[नेपथ्य से संगीत]

पालना बनें प्रलय की लहरें!
शीतल हो ज्वाला की आँधी,
करुणा के घन छहरें।
दया दुलार करे; पल भर भी—
विपदा पास न ठहरे।
प्रभु का हो विश्वास सत्य तो,
सुख का केतन फहरे।

[भटार्क, शर्वनाग के साथ अनन्तदेवी का प्रवेश]

अनन्तदेवी : परन्तु व्यंग्य की विष-ज्वाला रक्तधारा से भी नहीं बुझती देवकी! तुम मरने के लिए प्रस्तुत हो जाओ।

देवकी : क्या तुम मेरी हत्या करोगी?

प्रपंचबुद्धि : *(प्रवेश करके)* हाँ! सद्धर्म का विरोधी, हिमालय की निर्जन ऊँची चोटी तथा अगाध समुद्र के अन्तस्थल में भी नहीं बचने पावेगा; और उस महाबलिदान का आरम्भ तुम्हीं से होगा। शर्व आगे बढ़ो।

रामा : एक शर्व नहीं, तुम्हारे जैसे सैकड़ों पिशाच भी यदि जुटकर आवें तो भी आज महादेवी का अंगस्पर्श कोई न कर सकेगा।

[छुरी निकालती है]

शर्वनाग : मैं तेरा स्वामी हूँ रामा! क्या तू मेरी हत्या करेगी?

रामा : ओह! बड़ी धर्मबुद्धि जगी है पिशाच को, और यह महादेवी तेरी कौन है?

शर्वनाग : फिर भी मैं तेरा...

रामा : स्वामी? नहीं-नहीं तू मेरे स्वामी का नरकवासी प्रेत है। तेरी हत्या कैसी—तू तो कभी का मर चुका है।

देवकी : शान्त हो रामा! देवकी अपने रक्त के बदले और किसी का रक्त नहीं गिराना चाहती। चल रे रक्त के प्यासे कुत्ते! चल अपना काम कर।

[शर्व आगे बढ़ता है]

अनन्तदेवी : क्यों देवकी! राजसिंहासन लेने की स्पर्धा क्या हुई?

देवकी : परमात्मा की कृपा है कि मैं स्वामी के रक्त से कलुषित सिंहासन पर न बैठ सकी।

भटार्क : भगवान् का स्मरण कर लो।

देवकी : मेरे अन्तर की करुण कामना एक थी कि 'स्कन्द' को देख लूँ। परन्तु तुम लोगों से, हत्यारों से, मैं उनके लिए भी प्रार्थना न करूँगी। प्रार्थना उसी विश्वम्भर के श्रीचरणों में है, जो अपनी अनन्त दया का अभेद्य कवच पहना कर मेरे स्कन्द को सदैव सुरक्षित रखेगा।

शर्वनाग : अच्छा तो *(खड्ग उठाता है, रामा सामने आकर खड़ी हो जाती है)* हट जा अभागिनी!

रामा : मूर्ख! अभागा कौन है? जो संसार के सबसे पवित्र धर्म कृतज्ञता को भूल जाता है और भूल जाता है कि सबके ऊपर एक अटल अदृष्ट का नियामक सर्वशक्तिमान है, वह या मैं?

शर्वनाग : कहता हूँ कि अपनी लोथ मुझे पैरों से न ठुकराने दे!

रामा : टुकड़े का लोभी! तू सती का अपमान करे, तेरी यह स्पर्धा? तू कीड़ों से भी तुच्छ है। पहले मैं मरूँगी, तब महादेवी।

अनन्तदेवी : *(क्रोध से)* तो पहले इसी का अन्त करो शर्व! शीघ्रता करो।

शर्वनाग : अच्छा तो वही होगा *(प्रहार करने पर उद्यत होता है)*

[सहसा किवाड़ तोड़कर स्कन्द भीतर घुस आता है। पीछे मुद्गल और धातुसेन। आते ही शर्वनाग की गर्दन दबाकर तलवार छीन लेता है]

स्कन्दगुप्त : *(भटार्क से)* क्यों रे नीच पशु? तेरी क्या इच्छा है?

भटार्क : राजकुमार! वीर के प्रति उचित व्यवहार होना चाहिए।

स्कन्दगुप्त : तू वीर है? अद्धरात्रि में निस्सहाय अबला महादेवी की हत्या के उद्‌देश्य से घुसने वाला चोर! तुझे भी वीरता का अभिमान है? तो द्वन्द्वयुद्ध के लिए आमंत्रित करता हूँ—बचा अपने को!

[भटार्क दो-एक हाथ चलाकर घायल होकर गिरता है]

स्कन्दगुप्त : मेरी सौतेली माँ! तुम?

अनन्तदेवी : स्कन्द? फिर भी मैं तुम्हारे पिता की पत्नी हूँ।

[घुटनों के बल बैठकर हाथ जोड़ती हुई]

स्कन्दगुप्त : अन्नतदेवी! कुसुमपुर में पुरगुप्त को लेकर चुपचाप बैठी रहो। जाओ—मैं स्त्री पर हाथ नहीं उठाता, परन्तु सावधान! विद्रोह की इच्छा न करना, नहीं तो क्षमा असम्भव है। *(देवकी के चरणों पर झुकते हुए)* 'अहा! मेरी माँ!'

देवकी : *(आलिंगन करते)* आओ मेरे वत्स!

[दृश्यान्तर]

पंचम दृश्य

[अवन्ति दुर्ग का एक भाग। बन्धुवर्म्मा, भीमवर्म्मा और जयमाला का प्रवेश]

बन्धुवर्म्मा : वत्स भीम! बोलो, तुम्हारी क्या सम्मति है?

भीमवर्म्मा : तात! आपकी इच्छा; मैं तो आपका अनुचर हूँ।

जयमाला : परन्तु इसकी आवश्यकता ही क्या है? उनका इतना बड़ा साम्राज्य है, तब भी क्या मालव के बिना काम न चलेगा?

बन्धुवर्म्मा : देवी! केवल स्वार्थ देखने का अवसर नहीं है। यह ठीक है कि शकों के पतन-काल में पुष्करणाधिपति स्वर्गीय महाराज सिंहवर्म्मा ने एक स्वतंत्र राज्य स्थापित किया, और उनके वंशधर ही उस राज्य के स्वत्वाधिकारी हैं; परन्तु उस राज्य का ध्वंस हो चुका था, म्लेच्छों की सम्मिलित वाहिनी उसे धूल में मिला चुकी थी; उस समय तुम लोगों को केवल आत्महत्या का ही अवलम्ब निःशेष था, तब इन्हीं स्कन्दगुप्त ने रक्षा की थी; यह राज्य अब न्याय से उन्हीं का है!

भीमवर्म्मा : परन्तु क्या वे माँगते हैं?

बन्धुवर्म्मा : नहीं भीम! युवराज स्कन्द ऐसे क्षुद्र हृदय के नहीं; उन्होंने पुरगुप्त को इस जघन्य अपराध पर भी मगध का शासक बना दिया है। वह तो सिंहासन भी नहीं लेना चाहते।

जयमाला : परन्तु तुम्हारा मालव उन्हें प्रिय है!

बन्धुवर्म्मा : देवि, तुम नहीं देखती हो कि आर्यावर्त्त पर विपत्ति की प्रलय-मेधमाला घिर रही है; आर्य-साम्राज्य के अन्तर्विरोध और दुर्बलता को आक्रमणकारी भली-भाँति जान गये। शीघ्र ही देशव्यापी युद्ध की सम्भावना है। इसलिए यह मेरी ही सम्मति है कि साम्राज्य की सुव्यवस्था के लिए, आर्य राष्ट्र के त्राण के लिए, युवराज उज्जयिनी में रहें; इसी में सबका कल्याण है। आर्यावर्त्त का जीवन केवल स्कन्दगुप्त के कल्याण से है। और उज्जयिनी में साम्राज्याभिषेक का अनुष्ठान होगा, सम्राट् होंगे स्कन्दगुप्त।

जयमाला : आर्यपुत्र! अपना पैतृक राज्य इस प्रकार दूसरों के पदतल में निस्संकोच अर्पित करते हुए हृदय काँपता नहीं है? क्या फिर उन्हीं की सेवा करते हुए दास के समान जीवन व्यतीत करना होगा?

बन्धुवर्म्मा : *(सिर झुकाकर सोचते हुए)* तुम कृतघ्नता का समर्थन करोगी, वैभव और ऐश्वर्य के लिए ऐसा कदर्य प्रस्ताव करोगी, इसका मुझे स्वप्न में भी ध्यान न था!

जयमाला : यदि होता?

बन्धुवर्म्मा : तब मैं इस कुटुम्ब की कमनीय कल्पना को दूर से ही नमस्कार करता और आजीवन अविवाहित रहता। क्षत्रिये! जो केवल खड्ग का अवलम्बन रखने वाले सैनिक हैं, उन्हें विलास

की सामग्रियों का लोभ नहीं रहता। सिंहासन पर मुलायम गद्दों पर लेटने के लिए या अकर्मण्यता और शरीर-पोषण के लिए क्षत्रियों ने लोहे को अपना आभूषण बनाया है।

भीमवर्म्मा : भैया! तब?

बन्धुवर्म्मा : भीम! क्षत्रियों का कर्तव्य है—आर्त-त्राण परायण होना, विपद् का हँसते हुए आलिंगन करना, विभीषिकाओं की मुस्कराकर अवहेलना करना, और—विपन्नों के लिए, अपने धर्म के लिए, देश के लिए प्राण देना!

[देवसेना का सहसा प्रवेश]

देवसेना : भाभी! सर्वात्मा के स्वर में, आत्म-समर्पण के प्रत्येक ताल में अपने विशिष्ट व्यक्तिवाद का विस्मृत हो जाना—एक मनोहर संगीत है! क्षुद्र स्वार्थ, भाभी जाने दो; भैया को देखो—कैसा उदार, कैसा महान् और कितना पवित्र!

जयमाला : देवसेना! समष्टि में भी व्यष्टि रहती है। व्यक्तियों से ही जाति बनती है। विश्व प्रेम, सर्वभूत-हित-कामना परम धर्म है; परन्तु इसका अर्थ यह नहीं हो सकता कि अपने पर प्रेम न हो। इस अपने ने क्या अन्याय किया है जो इसका बहिष्कार हो?

बन्धुवर्म्मा : ठहरो जयमाला! इसी क्षुद्र ममत्व ने हमको दुष्ट भावना की ओर प्रेरित किया है, इसी से हम स्वार्थ का समर्थन करते हैं। इसे छोड़ दो जयमाला! इसके वशीभूत होकर हम अत्यन्त पवित्र वस्तुओं से बहुत दूर हो जाते हैं। बलिदान करने के योग्य वह नहीं, जिसने अपना आपा नहीं खोया।

भीमवर्म्मा : भाभी! अब तर्क न करो। समस्त देश के कल्याण के लिए—एक कुटुम्ब की भी नहीं, उसके क्षुद्र स्वार्थों की बलि होने दो भाभी! हृदय नाच उठा है, जाने दो इस नीच प्रस्ताव को। देखो—हमारा आर्यावर्त्त विपन्न है, यदि हम मर-मिटकर भी इसकी कुछ सेवा कर सकें...

जयमाला : जब सभी लोगों की ऐसी इच्छा है, तब मुझे क्या।

बन्धुवर्म्मा : तब मालेश्वरी की जय हो, तुम्हीं इस सिंहासन पर बैठो। बन्धुवर्म्मा तो आज से आर्य-साम्राज्य-सेना का एक साधारण पदातिक सैनिक है; तुम्हें तुम्हारा ऐश्वर्य सुखद हो।

[जाना चाहता है]

भीमवर्म्मा : ठहरो भैया; हम भी चलते हैं।

चक्रपालित : *(प्रवेश करके)* धन्य वीर! तुमने क्षत्रिय का सिर ऊँचा किया है। बन्धुवर्म्मा! आज तुम महान् हो, हम तुम्हारा अभिनन्दन करते हैं। रण में, वन में, विपत्ति में, आनन्द में; हम सब महाभागी होंगे। धन्य तुम्हारी जननी—जिसने आर्य राष्ट्र का ऐसा शूर सैनिक उत्पन्न किया।

बन्धुवर्म्मा : स्वागत चक्र! मालवेश्वरी की जय हो! अब हम सब सैनिक जाते हैं!

चक्रपालित : ठहरो बन्धु! एक सुखद समाचार सुन लो। पिताजी का अभी-अभी पत्र आया है कि सौराष्ट्र के शकों को निर्मूल करके परम भट्टारक मालव के लिए प्रस्थान कर चुके हैं।

बन्धुवर्म्मा : सम्भवतः महाराजपुत्र उत्तरापथ की सीमा की रक्षा करेंगे।

चक्रपालित : हाँ बन्धु!

देवसेना : चलो भाई, मैं भी तुम लोगों की सेवा करूँगी।

जयमाला : *(घुटने टेक कर)* मालवेश्वर की जय हो! प्रजा ने अपराध किया है, दंड दीजिए। पतिदेव! आपकी दासी क्षमा माँगती है। मेरी आँखें खुल गईं। आज हमने जो राज्य पाया है, वह विश्व-साम्राज्य से भी ऊँचा है—महान् है। मेरे स्वामी और ऐसे महान्! धन्य हूँ मैं...

[बन्धुवर्म्मा सिर पर हाथ रखता है]

[दृश्यान्तर]

षष्ठ दृश्य

[पथ में भटार्क और उसकी माता]

कमला : तू मेरा पुत्र है कि नहीं?

भटार्क : माँ! संसार में इतना ही तो स्थिर सत्य है, और मुझे इतने पर ही विश्वास है। संसार के समस्त लांछनों का मैं तिरस्कार करता हूँ, किसलिए? केवल इसीलिए कि तू मेरी माँ है और वह जीवित है।

कमला : और मुझे इसका दुख है कि मैं मर क्यों न गई; मैं क्यों अपने कलंकपूर्ण जीवन को पालती रही। भटार्क! तेरी माँ को एक ही आशा थी कि पुत्र देश का सेवक होगा, म्लेच्छों से पद-दलित भारतभूमि का उद्धार करके मेरा कलंक धो डालेगा; मेरा सिर ऊँचा होगा। परन्तु हाय!

भटार्क : माँ! तो तुम्हारी आशाओं को मैंने विफल किया? क्या मेरी खड्गलता आग के फूल नहीं बरसाती? क्या मेरे रण-नाद वज्र-ध्वनि के समान शत्रु के कलेजे नहीं कँपा देते? क्या तेरे भटार्क का लोहा भारत के क्षत्रिय नहीं मानते?

कमला : मानते हैं, इसी से तो और ग्लानि है।

भटार्क : घर लौट चलो माँ! ग्लानि क्यों है?

कमला : इसलिए कि तू देशद्रोही है। तू राजकुल की शान्ति का प्रलय-मेघ बन गया; और तू साम्राज्य के कुचक्रियों में से एक है। ओह! नीच! कृतघ्न!! कमला कलंकिनी हो सकती है, परन्तु यह नीचता, कृतघ्नता, उसके रक्त में नहीं। *(रोती है)*

[विजया का प्रवेश]

विजया : माता! तुम क्यों रो रही हो? *(भटार्क की ओर देखकर)* और यह कौन? क्यों जी! तुमने इस वृद्धा का क्यों अपमान किया है?

कमला : देवी! यह मेरा पुत्र था।

विजया : था! क्या अब नहीं?

कमला : नहीं, इसने महाबलाधिकृत होने के लालच में अपने हाथ-पैर पाप-शृंखला में जकड़ दिए; अब, फिर भी उज्जयिनी में आया है—किसी षड्यंत्र के लिए।

विजया : कौन, तुम महाबलाधिकृत भटार्क हो? और तुम्हारी माता की यह दीन दशा!

कमला : ना बेटी! उसे कुछ मत कहो, मैं स्वयं इसका ऐश्वर्य त्याग कर चली आई हूँ। महाकाल के मन्दिर में भिक्षा ग्रहण कर इसी उज्जयिनी में पड़ी रहूँगी, परन्तु इससे...

भटार्क : माँ! अब और लज्जित न करो। चलो—घर चलो।

विजया : *(स्वगत)* आह! कैसी वीरत्व-व्यंजक मनोहर मूर्ति है! और गुप्त-साम्राज्य का महाबलाधिकृत!

कमला : इस पिशाच ने छलने के लिए रूप बदला है। सम्राट् का अभिषेक होने वाला है, यह उसी में कोई प्रपंच रचने आया है। मेरी कोई न सुनेगा, नहीं तो मैं स्वयं इसे दंडनायक को समर्पित कर देती।

[सहसा, मातृगुप्त, मुद्गल और गोविन्दगुप्त का प्रवेश।]

मुद्गल : कौन! भटार्क!

मातृगुप्त : अरे यहाँ भी!

[भटार्क तलवार निकालता है, गोविन्दगुप्त उसके हाथ से तलवार छीन लेते हैं]

मुद्गल : महाराजपुत्र गोविन्दगुप्त की जय हो!

गोविन्दगुप्त : कृतघ्न! वीरता उन्माद नहीं है, आँधी नहीं है, जो उचित-अनुचित का विचार न करती हो। केवल शस्त्रबल पर टिकी हुई वीरता बिना पैर की होती है। उसकी दृढ़ भित्ति है—न्याय। तू उसे कुचलने पर सिर ऊँचा उठाकर नहीं रह सकता। मातृगुप्त! बन्दी करो इसे। *(कमला की ओर घूमकर)* और तुम कौन हो भद्रे?

कमला : मैं इस कृतघ्न की माता हूँ। अच्छा हुआ, मैं तो स्वयं यही विचार करती थी।

गोविन्दगुप्त : यह तो मैंने अपने कानों से सुना। धन्य हो देवी! तुम जैसी जननियाँ जब तक उत्पन्न होंगी, तब तक आर्यराष्ट्र का विनाश असम्भव है। *(विजया को इंगित कर)* और वह युवती कौन है?

कमला : मुझे सहायता देती थी, कोई अभिजात कुल की कन्या है! इसका कोई अपराध नहीं।

मुद्गल : अरे राम! यह भी कोई अवश्य भयानक स्त्री होगी।

मातृगुप्त : परन्तु यह अपना कोई परिचय भी नहीं दे रही है!

विजया : मैं अपराधिनी हूँ; मुझे बन्दी करो।

भटार्क : यह क्यों, इस युवती से तो मैं परिचित भी नहीं हूँ; इसका कोई अपराध नहीं।

विजया : *(स्वगत)* ओह! इस आनन्द महोत्सव में मुझे कौन पूछता है, मैं मालव में अब किस काम की हूँ! जिसके भाई ने समस्त राज्य को अर्पण कर दिया है वह देवसेना और कहाँ मैं! तब तो मेरा यही... *(भटार्क की ओर देखती है)*

गोविन्दगुप्त : भद्रे! तुम अपना स्पष्ट परिचय दो!

विजया : मैं अपराधिनी हूँ।

मातृगुप्त : परन्तु तुम्हारा और भी कोई परिचय है?

विजया : यही कि मैं बन्दी होने की अभिलाषिनी हूँ।

कमला : वत्से! तुम अकारण क्यों दुख उठाती हो?

विजया : मेरी इच्छा। मुझे बन्दी कीजिए। मैं अपना परिचय न्यायाधिकरण में दूँगी। यहाँ मैं कुछ न कहूँगी। मेरा यहाँ अपमान किया जायेगा तो आर्यराष्ट्र के नाम पर मैं तुम लोगों पर अभियोग लगाऊँगी।

गोविन्दगुप्त : भटार्क! यदि तुम्हीं कुछ कहते...

भटार्क : मैं कुछ नहीं जानता कि यह कौन है। मुझे भी विलम्ब हो रहा है, शीघ्र न्यायाधिकरण में ले चलिए।

मुद्‌गल : और वृद्धा कमला?

गोविन्दगुप्त : यह बन्दी नहीं है, परन्तु एक बार स्कन्द के समक्ष उसे चलना होगा।

मातृगुप्त : तो फिर सब चलें, अभिषेक का समय भी समीप है।

[सब जाते हैं]

[दृश्यान्तर]

सप्तम दृश्य

राज्यसभा

[बन्धुवर्म्मा, भीमवर्म्मा, मातृगुप्त तथा मुद्‌गल के साथ स्कन्दगुप्त का एक ओर से और दूसरी ओर से गोविन्दगुप्त का प्रवेश]

स्कन्दगुप्त : *(बीच में खड़ा होकर)* तात! कहाँ थे? इस बालक पर अकारण क्रोध करके कहाँ छिपे थे?

[चरण-वन्दना करता है]

गोविन्दगुप्त : उठो वत्स! आर्य चन्द्रगुप्त की अनुपम प्रतिकृति! गुप्तकुल तिलक! भाई से मैं रूठ गया था, परन्तु तुमसे कदापि नहीं। तुम मेरे आत्मा हो वत्स! *(आलिंगन करता है)*

[अनुचरियों के साथ देवकी का प्रवेश, स्कन्द देवकी की चरण-वन्दना करता है]

देवकी : वत्स! चिरविजयी हो! देवता तुम्हारे रक्षक हों। महाराजपुत्र! इसे आशीर्वाद दीजिए कि गुप्तकुल के गुरुजनों के प्रति यह विनयशील रहे।

गोविन्दगुप्त : महादेवी! तुम्हारी कोख से पैदा हुआ यह रत्न, यह गुप्तकुल के अभिमान का चिह्न, सदैव यशोमंडित रहेगा!

स्कन्दगुप्त : *(बन्धुवर्म्मा से)* मित्र मालवेश! बढ़ो, सिंहासन पर बैठो! हम लोग तुम्हारा अभिनन्दन करें!

[जयमाला और देवसेना का प्रवेश]

जयमाला : देव! यह सिंहासन आपका है, मालवेश का इस पर कोई अधिकार नहीं। आर्यावर्त्त के सम्राट् के अतिरिक्त अब दूसरा कोई मालव के सिंहासन पर नहीं बैठ सकता।

[तुमुल ध्वनि—'जय मालव']

बन्धुवर्म्मा : *(हँसकर)* सम्राट्! अब तो मालवेश्वरी ने स्वयं सिंहासन त्याग दिया है, और मैं उन्हें दे चुका था, इसलिए अब सिंहासन ग्रहण करने में विलम्ब न कीजिए।

गोविन्दगुप्त : वत्स्! इन आर्य-जाति के रत्नों की कौन सी प्रशंसा करूँ। इनका स्वार्थ-त्याग दधीचि के दान से कम नहीं। बढ़ो, वत्स! सिंहासन पर बैठो, मैं तुम्हारा तिलक करूँ।

स्कन्दगुप्त : तात! विपत्तियों के बादल घिर रहे हैं; अन्तर्विद्रोह की ज्वाला प्रज्वलित है; ऐसे समय में केवल एक सैनिक बन सकूँगा, सम्राट् नहीं।

गोविन्दगुप्त : आज आर्य-जाति का प्रत्येक बच्चा सैनिक है, सैनिक छोड़कर और कुछ नहीं। आर्य-कन्याएँ अपहरण की जाती हैं, हूणों के विकट तांडव से पवित्र भूमि पदाक्रान्त है; कहीं देवता की पूजा नहीं होती, सीमा की बर्बर जातियों की राक्षसी-वृत्ति का प्रचंड पाखंड फैला है। ऐसे समय आर्य जाति तुम्हें पुकारती है—सम्राट् होने के लिए नहीं, उद्धार-युद्ध में सेनानी बनने के लिए—सम्राट्!

[गोविन्दगुप्त और बन्धुवर्म्मा हाथ पकड़कर स्कन्दगुप्त को सिंहासन पर बैठाते हैं। भीमवर्म्मा छत्र लेकर बैठता है। देवसेना चँवर करती है। गरुड़ध्वज लेकर

बन्धुवर्म्मा खड़े होते हैं। देवकी राजतिलक करती है। गोविन्दगुप्त—खड्ग का उपहार देते हैं। चक्रपालित गरुड़ांकित राजदंड देता है]

गोविन्दगुप्त : परम भट्टारक महाराजाधिराज स्कन्दगुप्त की जय हो! *(सब समवेत स्वर से)* जय हो!

बन्धुवर्म्मा : आर्य-साम्राज्य के महाबलाधिकृत महाराजपुत्र गोविन्दगुप्त की जय हो। *(सब वैसा ही कहते हैं)*

स्कन्दगुप्त : आर्य! इस गुरुभार उत्तरदायित्व का सत्य के साथ पालन कर सकूँ, और आर्यराष्ट्र की रक्षा में सर्वस्व अर्पण कर सकूँ, आप लोग इसके लिए भगवान् से प्रार्थना कीजिए और आशीर्वाद दीजिए कि स्कन्दगुप्त अपने कर्तव्य से, स्वदेश-सेवा से, कभी विचलित न हो।

गोविन्दगुप्त : सम्राट्! परमात्मा की असीम अनुकम्पा से आपका उद्देश्य सफल हो। आज गोविन्द ने अपना कर्तव्य पालन किया। वत्स बन्धुवर्म्मा! तुम इस नवीन आर्यराष्ट्र के संस्थापक हो। तुम्हारे इस आत्म-त्याग की गौरवगाथा आर्य-जाति का मुख उज्ज्वल करेगी। वीर! इस वृद्ध में साम्राज्य के महाबलाधिकृत होने की क्षमता नहीं, तुम्हीं इसके उपयुक्त हो।

बन्धुवर्म्मा : अभी नहीं आर्य! आपके चरणों में बैठकर यह बालक स्वदेश-सेवा की शिक्षा ग्रहण करेगा। मालव का राजकुटुम्ब, एक-एक बच्चा, आर्य जाति के कल्याण के लिए जीवन उत्सर्ग करने को प्रस्तुत है। आप जो आज्ञा देंगे, वही होगा।

['धन्य! धन्य!' का घोष]

स्कन्दगुप्त : तात! पर्णदत्त इस समय नहीं हैं!

चक्रपालित : सम्राट्! वह 'सौराष्ट्र' की चंचल राष्ट्रनीति की देख-रेख में लगे हैं।

[कुमारदास रूपी धातुसेन का प्रवेश]

मातृगुप्त : सिंहल के युवराज कुमार धातुसेन की जय हो!

[सब आश्चर्य से देखते हैं]

स्कन्दगुप्त : कुमारदास, सिंहल के युवराज धातुसेन!

मातृगुप्त : हाँ, महाराजाधिराज!

स्कन्दगुप्त : अद्भुत! वीर युवराज! तुम्हारा स्नेह क्या कभी भूल सकता हूँ? आओ, स्वागत!

[सब मंचों पर बैठते हैं]

गोविन्दगुप्त : बन्दियों को ले आओ।

[सैनिकों के साथ भटार्क, शर्वनाग, विजया तथा कमला का प्रवेश]

स्कन्दगुप्त : क्यों शर्व! तुम क्या चाहते हो?

शर्वनाग : मुझे वध की आज्ञा दीजिए, मेरे जैसे नीच के लिए और कोई दंड नहीं है।

स्कन्दगुप्त : नहीं, मैं तुम्हें इससे भी कड़ा दंड दूँगा, जो वध से भी उग्र होगा।

शर्वनाग : वही हो सम्राट्! जितनी यंत्रणा से यह पापी प्राण निकाला जाय, उतना ही उत्तम होगा।

स्कन्दगुप्त : परन्तु मैं तुम्हें मुक्त करता हूँ, क्षमा करता हूँ। तुम्हारे अपराध ही तुम्हारे मर्मस्थल पर सैकड़ों बिच्छुओं के डंक की चोट करेंगे। आजीवन तुम उसी यंत्रणा को भोगो, क्योंकि रामा—साध्वी रामा—को मैं अपनी आज्ञा से विधवा न बनाऊँगा। सती रामा! तेरे पुण्य से आज तेरा पति मृत्यु से बचा!

[रामा सम्राट् का पैर पकड़ती है]

शर्वनाग : दुहाई सम्राट् की! मेरे वध की आज्ञा दीजिए; नहीं तो आत्महत्या करूँगा। ऐसे देवता के प्रति मैंने दुराचरण किया था। ओह!

[छुरी निकालना चाहता है]

स्कन्दगुप्त : ठहरो शर्व! मैं तुम्हें आजीवन बन्दी बनाऊँगा।

[रामा आश्चर्य और दुख से देखती है]

स्कन्दगुप्त : शर्व! यहाँ आओ।

[शर्व समीप आता है]

देवकी : वत्स! इसे किसी विषय का शासक बनाकर भेजो, जिसमें दुखिया रामा को किसी प्रकार का कष्ट न हो।

सब : महादेवी की जय हो।

स्कन्दगुप्त : शर्व! तुम आज से अन्तर्वेद के विषयपति नियत किये गये। यह लो *(खड्ग देता है)*।

शर्वनाग : *(रुद्ध कंठ से)* सम्राट्! देवता! आपकी जय हो! *(देवकी के पैर पर गिरकर)* माँ मुझे क्षमा करो, मैं मनुष्य से पशु हो गया था! अब तुम्हारी ही दया से मैं मनुष्य हुआ। आशीर्वाद दो जगद्धात्री कि मैं देव-चरणों में आत्मबलि देकर जीवन सफल करूँ!

देवकी : उठो! क्षमा पर मनुष्य का अधिकार है, वह पशु के पास नहीं मिलती। प्रतिहिंसा पाशव-धर्म है। उठो, मैं तुम्हें क्षमा करती हूँ।

[शर्व खड़ा होता है]

स्कन्दगुप्त : भटार्क! तुम गुप्त-साम्राज्य के महाबलाधिकृत नियत किये गये थे, और तुम्हीं साम्राज्य-लक्ष्मी महादेवी की हत्या के कुचर्क में सम्मिलित थे! यह तुम्हारा अक्षम्य अपराध है।

भटार्क : मैं केवल राजमाता की आज्ञा का पालन करता था।

देवकी : क्यों भटार्क! तुम यह उत्तर सच्चे हृदय से देते हो? क्या ऐसा कहकर तुम स्वयं अपने को धोखा देते हुए औरों को भी प्रवंचित नहीं कर रहे हो?

भटार्क : अपराध हुआ। *(सिर नीचा कर लेता है)*

स्कन्दगुप्त : तुम्हारे खड्ग पर साम्राज्य को भरोसा था। तुम्हारे हृदय पर तुम्हीं को भरोसा न रहे, यह बड़े धिक्कार की बात है, तुम्हारा इतना पतन?

(भटार्क स्तब्ध रहता है, विजया की ओर देखकर) और तुम विजया? तुम क्यों इसमें...

देवसेना : सम्राट्! विजया मेरी सखी है।

विजया : परन्तु मैंने भटार्क को वरण किया है।

जयमाला : विजया!!

विजया : कर चुकी देवी!

देवसेना : उसके लिए दूसरा उपाय न था राजाधिराज! प्रतिहिंसा मनुष्य को इतना नीचे गिरा सकती है! परन्तु विजया तूने शीघ्रता की।

[स्कन्दगुप्त—विजया की ओर देखते हुए विचार में पड़ जाता है]

गोविन्दगुप्त : *(कमला को इंगित कर)* यह वृद्धा इसी कृतघ्न भटार्क की माता है! भटार्क के नीच कर्म से दुखी होकर यह उज्जयिनी चली आई है।

स्कन्दगुप्त : परन्तु विजया, तुमने यह क्या किया?

देवसेना : *(स्वगत)* आह! जिसकी मुझे आशंका थी, वही है। विजया! आज तू हार कर भी जीत गई।

देवकी : वत्स! आज तुम्हारे शुभ महाभिषेक में एक बूँद भी रक्त न गिरे। तुम्हारी माता की यही मंगल-कामना है कि तुम्हारा शासन-दंड क्षमा के संकेत पर चला करे। आज मैं सबके लिए ये क्षमाप्रार्थिनी हूँ।

धातुसेन : आर्यनारी सती! तुम धन्य हो! इसी गौरव से तुम्हारे देश का सिर ऊँचा रहेगा।

स्कन्दगुप्त : जैसी माता की इच्छा...

मातृगुप्त : परमेश्वर परम भट्टारक महाराजाधिराज श्री स्कन्दगुप्त की जय!

[समवेत स्वर से जयघोष]

[यवनिका]

तृतीय अंक

प्रथम दृश्य

[शिप्रा-तट]

प्रपंचबुद्धि : सब विफल हुआ। इस दुरात्मा स्कन्दगुप्त ने मेरी आशाओं के भंडार पर अर्गला लगा दी। कुसुमपुर में पुरगुप्त, और अनन्तदेवी अपने विडम्बना के दिन बिता रहे हैं। भटार्क भी बन्दी हुआ, उसके प्राणों की रक्षा नहीं। क्रूर कर्मों की अवतारणा से भी एक बार सद्धर्म के उठाने की आकांक्षा थी, परन्तु वह दूर गया! *(कुछ सोचकर)* उग्रतारा की साधना से विकट से भी विकट कार्य सिद्ध होते हैं, तो फिर इस महाकाल के महाश्मशान से बढ़कर कौन उपयुक्त स्थान होगा! चलूँ—*(जाना चाहता है। भटार्क का प्रवेश)*

भटार्क : भिक्षुशिरोमणे! प्रणाम!

प्रपंचबुद्धि : कौन, भटार्क? अरे मैं स्वप्न देख रहा हूँ क्या!

भटार्क : नहीं आर्य, मैं जीवित हूँ।

प्रपंचबुद्धि : उसने तुम्हें सूली पर नहीं चढ़ाया?

भटार्क : नहीं, उससे बढ़कर!

प्रपंचबुद्धि : क्या?

भटार्क : मुझे अपमानित करके क्षमा किया। मेरी वीरता पर एक दुर्वह उपकार का बोझ लाद दिया।

प्रपंचबुद्धि : तुम मूर्ख हो। शत्रु से बदला लेने का उपाय करना चाहिए, न कि उसके उपकारों का स्मरण!

भटार्क : मैं इतना नीच नहीं हूँ!

प्रपंचबुद्धि : परन्तु मैं तुम्हारी प्रवृत्ति जानता हूँ। तुम इतने उच्च भी नहीं हो। चलो एकान्त में बात करें। कोई आता है।

[दोनों जाते हैं। विजया का प्रवेश]

विजया : मैं कहाँ जाऊँ! उस उच्छृंखल वीर को मैं लौहशृंखला पहना सकूँगी? उसे अपने बाहु-पाश में जकड़ सकूँगी? हृदय के विकल मनोरथ! आह!

[गाती है]

उमड़ कर चली भिगोने आज
तुम्हारा निश्चल अंचल छोर
नयन जल-धारा रे प्रतिकूल
देख ले तू फिरकर इस ओर
हृदय की अन्तरतम मुस्क्यान
कल्पनामय तेरा यह विश्व
लालिमा में लय हो तावलीन
निरखते इन आँखों की कोर
यह कौन? ओ! राजकुमारी!

[देवसेना का प्रवेश—दूर पर उसकी परिचारिकाएँ]

देवसेना : विजया! सायंकाल का दृश्य देखने शिप्रा-तट पर तुम भी आ गई हो।

विजया : हाँ, राजकुमारी। *(सिर झुका लेती है)*

देवसेना : विजया, अच्छा हुआ, तुमसे भेंट हो गई; मुझे कुछ पूछना था।

विजया : पूछना क्या है?

देवसेना : क्या जो तुमने किया है, उसे-सोच-समझकर? कहीं तुम्हारे दम्भ ने तुमको छल तो नहीं लिया? तीव्र मनोवृत्ति के कशाघात ने तुम्हें विपथगामिनी तो नहीं बना दिया?

विजया : राजकुमारी! मैं अनुगृहीत हूँ। उस कृपा को नहीं भूल सकती जो आपने दिखाई है। परन्तु अब और प्रश्न करके मुझे उत्तेजित करना ठीक नहीं।

देवसेना : *(आश्चर्य से)* क्यों विजया! मेरे सखी-जनोचित सरल प्रश्नों में भी तुम्हें व्यंग्य सुनाई पड़ता है?

विजया : क्या इसमें भी प्रमाण की आवश्यकता है? राजकुमारी! *(सरोष)* आज से मेरी ओर देखना मत। मुझे कृत्या, अभिशाप की ज्वाला समझना और...

देवसेना : ठहरो, दम ले लो! सन्देह के गर्त में गिरने के पहले विवेक का अवलम्बन ले लो विजया!

विजया : हताश जीवन कितना भयानक होता है—यह नहीं जानती हो? उस दिन जिस तीखी छुरी को न रखने के लिए मेरी हँसी उड़ाई जा रही थी, मैं समझती हूँ कि उसे रख लेना मेरे लिए आवश्यक था। राजकुमारी! मुझे न छेड़ना। मैं तुम्हारी शत्रु हूँ। *(क्रोध से देखती है)*

देवसेना : *(आश्चर्य से)* क्या कह रही हो?

विजया : वही जो तुम सुन रही हो।

देवसेना : वह तो जैसे उन्मत्त का प्रलाप था, अकस्मात् स्वप्न देखकर जग जाने वाले प्राणी की कुतूहल-गाथा थी। विजया! क्या मैंने तुम्हारे सुख में बाधा दी? मैंने तो तुम्हारे मार्ग को स्वच्छ करने के सिवा रोड़े न बिछाये।

विजया : उपकारों की ओट में मेरे स्वर्ग को छिपा दिया, मेरी कामना-लता को समूल उखाड़ कर कुचल दिया!

देवसेना : शीघ्रता करने वाली स्त्री! अपनी असावधानी का दोष दूसरे पर न फेंक। देवसेना मूल्य देकर प्रणय नहीं लिया चाहती है...। अच्छा, इससे क्या? *(जाती है)*

विजया : जाती हो, परन्तु सावधान!

[भटार्क और प्रपंचबुद्धि का प्रवेश]

भटार्क : विजया! तुम कब आई हो?

विजया : अभी-अभी तुम्हीं को तो खोज रही थी। *(प्रपंचबुद्धि को देखकर)* आप कौन हैं?

भटार्क : 'योगाचर संघ' के प्रधान-श्रमण आर्य प्रपंचबुद्धि।

[विजया नमस्कार करती है]

प्रपंचबुद्धि : कल्याण हो देवि! भटार्क से तो तुम परिचित-सी हो, परन्तु मुझे तो जान जाओगी।

विजया : आर्य! आपके अनुग्रह-लाभ की बड़ी आकांक्षा है।

प्रपंचबुद्धि : शुभे! प्रज्ञापारमिता-स्वरूपा तारा तुम्हारी रक्षा करे! क्या तुम सद्धर्म की सेवा के लिए कुछ उत्सर्ग कर सकोगी? *(कुछ सोचकर)* तुम्हारे मनोरथ पूर्ण होने में विघ्न और विलम्ब है। इसलिए तुम्हें अवश्य धर्माचरण करना होगा।

विजया : आर्य! मेरा भी एक स्वार्थ है।

प्रपंचबुद्धि : क्या?

विजया : राजकुमारी देवसेना का अन्त!

प्रपंचबुद्धि : और मुझे उग्रतारा की साधना के लिए महाश्मशान में एक राजबलि चाहिए!

भटार्क : यह तो अच्छा सुयोग है।

विजया : उसे श्मशान तक ले आना तो मेरा काम है; आगे मैं कुछ न कर सकूँगी।

प्रपंचबुद्धि : सब हो जायेगा। उग्रतारा की कृपा से सब कुछ सुसम्पन्न होगा।

भटार्क : परन्तु मैं कृतघ्नता से कलंकित होऊँगा, और स्कन्दगुप्त से मैं किस मुँह से...नहीं, नहीं...

प्रपंचबुद्धि : सावधान! भटार्क! अलग ले जाकर इतना समझाया फिर भी...! तुम पहले अनन्तदेवी और पुरगुप्त से प्रतिश्रुति हो चुके हो।

भटार्क : ओह! पाप-पंक में लिप्त मनुष्य की छुट्टी नहीं! कुकर्म उसे जकड़ कर अपने नागपाश में बाँध लेता है! दुर्भाग्य!

[सबका प्रस्थान]

मातृगुप्त : *(ओट से निकलकर)* भयानक कुचक्र! एक निर्मल कुसुम-कली को कुचलने के लिए इतनी बड़ी प्रतारणा की चक्की? मनुष्य! तुझे हिंसा का उतना ही लोभ है, जितना एक भूखे भेड़िये को! तब भी तेरे पास उससे कुछ विशेष साधन हैं—छल, कपट, विश्वासघात, कृतघ्नता और पैने अस्त्र। इनसे भी बढ़कर प्राण लेने की कला-कुशलता। देखा जायेगा; भटार्क! तुम जाते कहाँ हो!

[जाता है]

[दृश्यान्तर]

द्वितीय दृश्य

[श्मशान में साधक-रूप से प्रपंचबुद्धि। दूर स्कन्दगुप्त आता है]

स्कन्दगुप्त : इस साम्राज्य का बोझ किसके लिए? हृदय में अशान्ति, राज्य में अशान्ति, परिवार में अशान्ति! केवल मेरे अस्तित्व से? मालूम होता है कि सबकी—विश्व-भर की—शान्ति-रजनी

में मैं ही धूमकेतु हूँ, यदि मैं न होता, तो यह संसार अपनी स्वाभाविक गति से, आनन्द से, चला करता। परन्तु मेरा तो निज का कोई स्वार्थ नहीं, हृदय के एक-एक कोने को छान डाला—कहीं भी कामना की वन्या नहीं; बलवती आशा की आँधी नहीं चल रही है। केवल गुप्त-सम्राट् के वंशधर होने की दयनीय दशा ने मुझे इस रहस्यपूर्ण क्रिया-कलाप में संलग्न रखा है। कोई भी मेरे अन्त:करण का आलिंगन करके न रो सकता है, और न तो हँस सकता है। तब भी विजया...? ओह! उसे स्मरण करके क्या होगा। जिसे हमने सुख-शर्वरी की सन्ध्यातारा के समान पहले देखा, वही उल्कापिण्ड होकर दिगन्त-दाह करना चाहती है। विजया! तूने क्या किया! *(प्रपंचबुद्धि को देखकर)* ओह! कैसा भयानक मनुष्य है! कैसी क्रूर आकृति है! मूर्तिमान पिशाच है! अच्छा, मातृगुप्त तो अभी तक नहीं आया। छिपकर देखूँ। *(छिपता है)*

[विजया के साथ देवसेना का प्रवेश]

देवसेना : आज फिर तुम किस अभिप्राय से आई हो?

विजया : और तुम राजकुमारी? क्या तुम इस महाबीभत्स श्मशान में आने से नहीं डरती हो?

देवसेना : संसार का मूक शिक्षक 'श्मशान' क्या डरने की वस्तु है? जीवन की नश्वरता के साथ ही सर्वात्मा के उत्थान का ऐसा सुन्दर स्थल और कौन है?

[नेपथ्य से गान]

सब जीवन बीता जाता है
धूप-छाँह के खेल-सदृश—सब.
समय भागता है प्रतिक्षण में,
नव-अतीत के तुषार-कण में,
हमें लगा कर भविष्य-रण में,
आप कहाँ छिप जाता है—सब.
बुल्ले, लहर, हवा के झोंके,
मेघ और बिजली के टोंके,
किसका साहस है कुछ रोके,
जीवन का वह नाता है—सब.

वंशी को बस बज जाने दो,
मीठी मीड़ों को आने दो,
आँख बन्द करके गाने दो,
जो कुछ हमको आता है—सब.

विजया : *(स्वगत)* भाव-विभोर दूर की रागिनी सुनती हुई यह कुरंगी-सी कुमारी...आह! कैसा भोला मुखड़ा है! नहीं, नहीं विजया! सावधान! प्रतिहिंसा...*(प्रकट)* राजकुमारी! देखो, यह कोई बड़ा सिद्ध है, वहाँ तक चलोगी?

देवसेना : चलो, परन्तु मुझे सिद्ध से क्या प्रयोजन? जब मेरी कामनाएँ विस्मृति के नीचे दबा दी गई हैं, तब वह चाहे स्वयं ईश्वर ही हो तो क्या? तब भी एक कुतूहल है! चलो—

[विजया देवसेना को आगे कर प्रपंचबुद्धि के पास ले जाती है और आप हट जाती है। ध्यान से आँख खोल कर प्रपंचबुद्धि उसे देखता है]

प्रपंचबुद्धि : तुम्हारा नाम देवसेना है?

देवसेना : *(आश्चर्य से)* हाँ, भगवन्!

प्रपंचबुद्धि : तुमको देवसेवा के लिए शीघ्र प्रस्तुत होना होगा। तुम्हारी ललाटलिपि कह रही है कि तुम बड़ी भाग्यवती हो!

देवसेना : कौन-सी देवसेवा?

प्रपंचबुद्धि : यह नश्वर शरीर, जिसका उपभोग तुम्हारा प्रेमी भी न कर सका और न करने की आशा है, देवसेवा में अर्पित करो! उग्रतारा तुम्हारा परम-मंगल करेगी।

देवसेना : *(सिहर उठती है)* क्या मुझे अपनी बलि देनी होगी? *(घूम कर देखती है)* विजया! विजया!!

प्रपंचबुद्धि : डरो मत, तुम्हारा सृजन इसीलिए था। नित्य की मोह-ज्वाला में जलने से तो यही अच्छा है कि तुम एक साधक का उपकार करती हुई अपनी ज्वाला शान्त कर दो!

देवसेना : परन्तु...कापालिक! एक और भी आशा मेरे हृदय में है। वह पूर्ण नहीं हुई है। मैं डरती नहीं हूँ, केवल उसके पूर्ण होने की प्रतीक्षा है। विजया के स्थान को मैं कदापि न ग्रहण करूँगी। उसे भ्रम है, यदि वह छूट जाता...

प्रपंचबुद्धि : *(उठकर उसका हाथ पकड़कर खड्ग उठाता है)* पर मुझे ठहरने का अवकाश नहीं। उग्रतारा की इच्छा पूर्ण हो!

देवसेना : प्रियतम! मेरे देवता युवराज!! तुम्हारी जय हो!

[सिर झुकाती है]

[पीछे से मातृगुप्त आकर प्रपंचबुद्धि का हाथ पकड़कर नेपथ्य में ले जाता है। देवसेना चकित होकर उपस्थित स्कन्दगुप्त का आलिंगन करती है]

[दृश्यान्तर]

तृतीय दृश्य

[मगध के राजमन्दिर में अनन्तदेवी, पुरगुप्त, विजया और भटार्क]

पुरगुप्त : विजय-पर-विजय! देखता हूँ कि एक बार वङ्क्षुतट पर गुप्त साम्राज्य की पताका फिर फहरायेगी। गरुड़ध्वज वङ्क्षु के रेतीले मैदान में अपनी स्वर्ण-प्रभा का विस्तार करेगा।

अनन्तदेवी : परन्तु तुमको क्या? निर्वीर्य, निरीह बालक! तुम्हें भी इसकी प्रसन्नता है? लज्जा के गर्त में डूब नहीं जाते—और भी छाती फुलाकर इसका आनन्द मनाते हो!

विजया : अहा! यदि आज राजाधिराज कहकर युवराज पुरगुप्त का अभिनन्दन कर सकती!

भटार्क : यदि मैं जीता रहा तो वह भी कर दिखाऊँगा!

[दौवारिक का प्रवेश]

दौवारिक : जय हो! एक चर आया है।

भटार्क : ले आओ ।

[दौवारिक जाकर चर को लिवा लाता है]

चर : युवराज की जय हो!

भटार्क : तुम कहाँ से आये हो?

चर : नगरहार के हूण-स्कन्धावार से।

भटार्क : क्या सन्देश है?

चर : सेनापति खिंगिल ने पूछा है कि मगध की गुप्त परिषद् क्या कर रही है। उसने प्रचुर अर्थ लेकर भी मुझे ठीक समय पर धोखा दिया है। परन्तु स्मरण रहे कि अबकी हमारा अभियान सीधे कुसुमपुर पर होगा। स्कन्दगुप्त का साम्राज्य-ध्वंस तो पीछे होगा पहले कुसुमपुरी का मणि-रत्न-भंडार लूटा जायेगा। प्रतिष्ठान और चरणाद्रि तथा गोपाद्रि के दुर्गपतियों को विद्रोह करने के लिए धन, परिषद् की आज्ञा से भेजा गया था, उसका क्या फल हुआ? अन्तर्वेद के विषयपति की कुटिल दृष्टि ने उस रहस्य का उद्घाटन करके वह धन भी आत्मसात् कर लिया और सहायता के बदले हम लोग प्रवंचित हुए, जिससे हूणों को सिन्धु का तट भी छोड़ देना पड़ा।

भटार्क : ओह! शर्वनाग ने बड़ी सावधानी से काम लिया। आचार्य प्रपंचबुद्धि का निधन होने से यह सब दुर्घटना हुई है। दूत! हूणराज से कहना कि पुरगुप्त को सम्राट् बनाने में तुम्हें अवश्य सहायता करनी पड़ेगी।

चर : परन्तु उन्हें विश्वास कैसे हो?

भटार्क : मैं प्रमाण-पत्र दूँगा। हूणों को एक बार ही भारतीय सीमा से दूर करने के लिए स्कन्दगुप्त ने समस्त सामन्तों को आमंत्रण दिया है। मगध की रक्षक सेना भी उसमें सम्मिलित होगी, और मैं ही उसका परिचालन करूँगा। वहीं इसका प्रत्यक्ष प्रमाण मिलेगा। और यह लो प्रमाण-पत्र। *(पत्र लिखकर देता है)*

पुरगुप्त : ठहरो।

अनन्तदेवी : चुप रहो!

दूत : तो यह उपहार भी साम्राज्ञी के लिए प्रस्तुत है।

[रत्नों से भरी हुई मंजूषा देता है]

भटार्क : और उत्तरापथ के समस्त धर्मसंघों के लिए क्या किया है?

दूत : आर्य महाश्रमण के पास मैं हो आया हूँ। समस्त सद्धर्म अनुयायी और संघ, स्कन्दगुप्त के विरुद्ध हैं। याज्ञिक क्रियाओं की प्रचुरता से उनका हृदय धर्मनाश के भय से घबरा उठा है। वे सब विद्रोह करने के लिए उत्सुक हैं।

भटार्क : अच्छा, जाओ। नगरहार के गिरिव्रज का युद्ध इसका निबटारा करेगा। हूणराज से कहना कि सावधान रहें, शीघ्र वहीं मिलूँगा।

[दूत प्रणाम करके जाता है]

पुरगुप्त : यह क्या हो रहा है!

अनन्तदेवी : तुम्हारे सिंहासन पर बैठने की प्रस्तावना है!

[सैनिक का प्रवेश]

सैनिक : महादेवी की जय हो!

भटार्क : क्या है?

सैनिक : कुसुमपुर की सेना जालन्धर से भी आगे बढ़ चुकी है। साम्राज्य के स्कन्धावार में शीघ्र ही पहुँच जाने की सम्भावना है।

पुरगुप्त : विजया। बहुत विलम्ब हुआ। एक पात्र...

[अनन्तदेवी संकेत करती है। विजया उसे पिलाती है]

भटार्क : मेरे अश्वों की व्यवस्था ठीक है न? मैं उसके पहले पहुँचूँगा।

सैनिक : परन्तु महाबलाधिकृत!

भटार्क : क्या? कहो!

सैनिक : यह राष्ट्र का आपत्तिकाल है, युद्ध की आयोजनाओं के बदले हम कुसुमपुर में आपानकों का समारोह देख रहे हैं। राजधानी विलासिता का केन्द्र बन रही है। यहाँ मनुष्यों के लिए विलास के उपकरण बिखरे रहने पर भी अपर्याप्त हैं! नये-नये साधन और नवीन कल्पनाओं से भी इस विलासिता राक्षसी का पेट नहीं भर रहा है। भला मगध के विलासी सैनिक क्या करेंगे?

भटार्क : अबोध! जो विलासी न होगा वह भी क्या वीर हो सकता है? जिस जाति में जीवन न होगा वह विलास क्या करेगी? जाग्रत राष्ट्र में ही विलास और कलाओं का आदर होता है। वीर एक कान से तलवारों की और दूसरे से नूपुरों की झनकार सुनते हैं।

विजया : बात तो यही है।

सैनिक : आप महाबलाधिकृत हैं, इसलिए मैं कुछ न कहूँगा।

भटार्क : नहीं तो?

सैनिक : यदि दूसरा कोई ऐसा कहता, तो मैं यही उससे कहता कि तुम देश के शत्रु हो!

भटार्क : *(क्रोध से)* हैं...

सैनिक : हाँ। यवनों से उधार ली हुई सभ्यता नाम की विलासिता के पीछे आर्य-जाति उसी तरह पड़ी है, जैसे कुलवधू को छोड़कर

कोई नागरिक वेश्या के चरणों में। देश पर बर्बर हूणों की चढ़ाई और तिस पर भी यह निर्लज्ज आमोद! जातीय जीवन के निर्वाणोन्मुख प्रदीप का यह दृश्य है। आह! जिस मगध देश की सेना सदैव नासीर में रहती थी, आर्य-चन्द्रगुप्त की वही विजयिनी सेना सबके पीछे निमंत्रण आने पर साम्राज्य-सेना में जाय! महाबलाधिकृत! मेरी तो इच्छा होती है कि मैं आत्महत्या कर लूँ। मैं उस सेना का नायक हूँ, जिस पर गरुड़ध्वज की रक्षा का भार रहता था।

भटार्क : *(अपने क्रोध के मनोभाव दबा कर)* अच्छा, तुम यहीं मगध की रक्षा करना, मैं जाता हूँ।

सैनिक : हूँ, अच्छा तो यह खड्ग लीजिए, मैं आज से मगध की सेना का नायक नहीं। *(खड्ग रख देता है)*

पुरगुप्त : *(मद्यप की-सी चेष्टा बनाकर)* यह अच्छा किया, आओ मित्र! हम-तुम कादम्ब पियें। जाने दो इन्हें। इन्हें लड़ने दो!

अनन्तदेवी : *(भटार्क को संकेत करती हुई उठती है और विजया से कहती है)* विजया! युवराज का मन बहलाओ!

[सैनिक तिरस्कार की दृष्टि से देखते हुए जाता है। भटार्क और अनन्तदेवी एक ओर। विजया और पुरगुप्त दूसरी ओर जाते हैं]

[दृश्यान्तर]

चतुर्थ दृश्य

[अवन्ती उपवन में जयमाला और देवसेना]

जयमाला : तू उदास है कि प्रसन्न, कुछ समझ में नहीं आता? जब तू गाती है तो तब मेरे भीतर की रागिनी रोती है और जब हँसती है तब जैसे विषाद की प्रस्तावना होती है!

पहली सखी : सम्राट् युद्ध-यात्रा में गये हैं और...

दूसरी सखी : तो क्या?

देवसेना : तुम सब भी भाभी के साथ मिल गई हो। क्यों भाभी! गाऊँ वह गीत?

जयमाला : मेरी प्यारी! तू गाती है। अहा! बड़ी-बड़ी आँखें तो बरसाती ताल-सी लहरा रही हैं! तू दुखी होती है। ले, मैं जाती हूँ। अरी! तुम सब इसे हँसाओ। *(जाती है)*

देवसेना : क्या महारथी हार कर भागे? अब तुम सब क्षुद्र सैनिकों की पारी है? अच्छा तो आओ।

पहली सखी : नहीं, राजकुमारी! मैं पूछती हूँ कि सम्राट् ने तुमसे कभी प्रार्थना की थी?

दूसरी सखी : हाँ, तभी तो प्रेम का सुख है!

तीसरी सखी : तो क्या मेरी राजकुमारी स्वयं प्रार्थिनी होंगी? उहूँ।

देवसेना : प्रार्थना किसने की है, यह रहस्य की बात है। क्यों कहूँ? प्रार्थना हुई मालव की ओर से; लोग कहेंगे कि मालव देकर देवसेना का ब्याह किया जा रहा है।

पहली सखी : न कहो, तब फिर क्या—हरी-हरी कोंपलों की टट्टी में फूल खिल रहा है—और क्या!

देवसेना : तेरा मुँह काला और क्या? निर्दय होकर आघात मत कर, मर्म बड़ा कोमल है। कोई दूसरी हँसी तुझे नहीं आती?

[मुँह फेर लेती है]

दूसरी सखी : लक्ष्यभेद ठीक हुआ-सा देखती हूँ!

देवसेना : क्यों घाव पर नमक छिड़कती है? मैंने कभी उनसे प्रेम की चर्चा करके उनका अपमान नहीं होने दिया है। नीरव-जीवन और एकान्त-व्याकुलता, कचोटने का सुख मिलता है। जब हृदय में रुदन का स्वर उठता है, तभी संगीत की वीणा मिला लेती हूँ। उसी में सब छिप जाता है।

[देवसेना की आँखों से आँसू बहता है]

तीसरी सखी : हैं-हैं...क्या तुम रोती हो? मेरा अपराध क्षमा करो!

देवसेना : *(सिसकती हुई)* नहीं प्यारी सखी! आज ही मैं प्रेम के नाम पर जी खोलकर रोती हूँ, बस, फिर नहीं। यह एक क्षण का रुदन अनन्त स्वर्ग का सृजन करेगा।

दूसरी सखी : तुम्हें इतना दुख है, मैं यह कल्पना भी न कर सकी थी।

देवसेना : *(सँभलकर)* यहीं तू भूलती है। मुझे तो इसी में सुख मिलता है; मेरा हृदय मुझसे अनुरोध करता है, मचलता है, रूठता है, मैं उसे मनाती हूँ। आँखें प्रणय-कलह उत्पन्न कराती हैं,

चित्त उत्तेजित करता है, बुद्धि झिड़कती है, कान कुछ सुनते ही नहीं! मैं सबको समझाती हूँ, विवाद मिटाती हूँ। सखी! फिर भी मैं इसी झगड़ालू कुटुम्ब में गृहस्थी सँभाल कर, स्वस्थ होकर, बैठती हूँ।

तीसरी सखी : आश्चर्य! राजकुमारी! तुम्हारे हृदय में एक बरसाती नदी वेग से भरी है!

देवसेना : कूलों में उफन कर बहने वाली नदी, तुमुल तरंग, प्रचंड पवन और भयानक वर्षा! परन्तु उसमें भी नाव चलानी ही होगी।

[पहली सखी गाती है]

माँझी! साहस है? खेलोगे!
जर्जर तरी भरी पथिकों से—
झड़ में क्या खेलोगे?
अलस नील-घन की छाया में—
जलजालों की छल-माया में—
अपना बल तौलोगे!
अनजाने तट की मदमाती—
लहरें, क्षितिज चूमती आतीं!
ये झटके झेलोगे? माँझी...

[भीमवर्म्मा का प्रवेश]

भीमवर्म्मा : बहन! शक-मंडल से विजय का समाचार आया है!

देवसेना : भगवान् की दया है!

भीमवर्म्मा : परन्तु महाराजपुत्र गोविन्दगुप्त वीरगति को प्राप्त हुए, यह बड़ा...

देवसेना : वे धन्य हैं!

भीमवर्म्मा : वीर-शैया पर सोते-सोते उन्होंने अनुरोध किया कि महाराज बन्धुवर्म्मा गुप्त साम्राज्य के महाबलाधिकृत बनाये जायँ, इसलिए अभी वे स्कन्धावार में ठहरेंगे। उनका आना अभी नहीं हो सकता। और भी कुछ सुना है देवसेना?

देवसेना : क्या?

भीमवर्म्मा : सम्राट् ने तुम्हें बचाने का पुरस्कार-स्वरूप मातृगुप्त को कश्मीर का शासक बना दिया है। गान्धारवंशी राजा अब वहाँ नहीं हैं। कश्मीर अब साम्राज्य के अन्तर्गत हो गया है।

देवसेना : सम्राट् की महानुभावता है। भाई! मेरे प्राणों का इतना मूल्य?

भीमवर्म्मा : आर्य-साम्राज्य का उद्धार हुआ है। बहन! सिन्धु के प्रदेश से म्लेच्छ-राज्य ध्वस्त हो गया है। प्रवीर-सम्राट् स्कन्दगुप्त ने विक्रमादित्य की उपाधि धारण की है। गौ, ब्राह्मण और देवताओं की ओर कोई भी आततायी आँख उठाकर नहीं देखता। लौहित्य से सिन्धु तक हिमालय की कन्दराओं में भी, स्वच्छन्दतापूर्वक सामगान होने लगा है। धन्य हैं हम लोग जो इस दृश्य को देखने के लिए जीवित हैं!

देवसेना : मंगलमय भगवान् सब मंगल करेंगे। भाई, साहस चाहिए, कोई वस्तु असम्भव नहीं।

भीमवर्म्मा : उत्तरापथ के सुशासन की व्यवस्था करके परम भट्टारक शीघ्र आवेंगे। मुझे अभी स्नान करना है। जाता हूँ।

देवसेना : भाई! तुम अपने शरीर के लिए बड़े ही निश्चिन्त रहते हो। और कामों के लिए तो...

[भीम हँसता हुआ जाता है—मुद्गल का प्रवेश]

मुद्गल : जो है सो काणाम से करके, यह तो अपने से नहीं हो सकता। उहूँ, जब कोई न मिला तो फूटे ढोल की तरह मेरे गले पड़ी।

देवसेना : क्या है मुद्गल?

मुद्गल : वही-वही, सीता की सखी मन्दोदरी की नानी त्रिजटा। कहाँ है मातृगुप्त ज्योतिषी की दुम! अपने को कवि भी लगाता था! मेरी कुंडली मिलाई या कि मुझे मिट्टी में मिलाया। शाप दूँगा। एक शाप! दाँत पीसकर, हाथ उठाकर, शिखा खोलते हुए चाणक्य का लकड़दादा बन जाऊँगा। मुझे इस झंझट में फँसा दिया! उसने क्यों मेरा ब्याह कराया...

देवसेना : तो क्या बुरा किया?

मुद्गल : झख मारा, जो है सो काणाम से करके।

देवसेना : अरे ब्याह भी तुम्हारा होता?

मुद्गल : न होता तो क्या इससे भी बुरा रहता? बाबा, अब तो मैं इस पर भी प्रस्तुत हूँ कि कोई इसको फेर ले। परन्तु यह हत्या कौन अपने पल्ले बाँधेगा!

[सब हँसती हैं]

देवसेना : आज कौन-सी तिथि है? एकादशी तो नहीं है?

मुद्गल : हाँ, यजमान के घर एकादशी और मेरे पारण की द्वादशी; क्योंकि ठीक मध्याह्न में एकादशी के ऊपर द्वादशी चढ़ बैठती है, उसका गला दबा देती है, पेट पचकने लगता है!

देवसेना : अच्छा, आज तुम्हारा निमंत्रण है—तुम्हारी स्त्री के साथ।

मुद्गल : जो है सो देवता प्रसन्न हों, आपका कल्याण हो। फिर शीघ्रता होनी चाहिए। पुण्यकाल बीत न जाय...चलिए मैं उसे बुला लेता हूँ। *(जाता है)*

[सबका प्रस्थान]

[दृश्यान्तर]

पंचम दृश्य

[गन्धार की घाटी—रणक्षेत्र में]

[तुरही बजती है। स्कन्दगुप्त और बन्धुवर्म्मा के साथ सैनिकों का प्रवेश]

बन्धुवर्म्मा : वीरो! तुम्हारी विश्वविजययिनी वीर-गाथा सुर-सुन्दरियों की वीणा के साथ मन्द-ध्वनि से नन्दन में गूँज उठेगी। असीम साहसी आर्य-सैनिक! तुम्हारे शस्त्र ने बर्बर हूणों को बता दिया है कि रणविद्या केवल नृशंसता नहीं है। जिनके आतंक से आज विश्वविख्यात रूम-साम्राज्य पादाक्रान्त है, उन्हें तुम्हारा लोहा मानना होगा और तुम्हारे पैरों के नीचे दबे हुए कंठ से उन्हें स्वीकार करना होगा कि भारतीय दुर्जेय वीर हैं! समझ लो—आज के युद्ध में प्रत्यावर्तन नहीं है। जिसे लौटना हो, अभी से लौट जाय।

सैनिक : आर्य-सैनिकों का अपमान करने का अधिकार महाबलाधिकृत को भी नहीं है! हम सब प्राण देने आये हैं खेलने नहीं!

स्कन्दगुप्त : साधु! तुम यथार्थ ही जननी जन्मभूमि की सन्तान हो।

सैनिक : राजाधिराज श्री स्कन्दगुप्त विक्रमादित्य की जय।

[चर का प्रवेश]

चर : परम भट्टारक की जय हो!

स्कन्दगुप्त : क्या समाचार है?

चर : देव! हूण शीघ्र ही नदी पार होकर आक्रमण की प्रतीक्षा कर रहे हैं; परन्तु यदि आक्रमण न हुआ, तो स्वयं आक्रमण करेंगे।

बन्धुवर्म्मा : और कुभा के रणक्षेत्र का क्या समाचार है?

चर : मगध की सेना पर विश्वास करने के लिए मैं न कहूँगा। भटार्क की दृष्टि में पिशाच की मंत्रणा चल रही है। खिंगिल के दूत भी आ-जा रहे हैं। चक्रपालित उस कूट-चक्र को तोड़ सकेंगे या नहीं, इसमें सन्देह है।

स्कन्दगुप्त : बन्धुवर्म्मा! तुम कुभा के रणक्षेत्र की ओर जाओ, मैं यहाँ देख लूँगा।

बन्धुवर्म्मा : राजाधिराज! मगध की सेना पर अधिकार रखना मेरे सामर्थ्य के बाहर होगा, और मालव की सेना आज नासीर में है। आज इस नदी की तीक्ष्ण धारा को लाल करके बहा देने की मेरी प्रतिज्ञा है। आज मालव का एक भी सैनिक नासी-सेना से न हटेगा।

स्कन्दगुप्त : बन्धु! यह यश मुझसे मत छीन लो।

बन्धुवर्म्मा : परन्तु सबके प्राण देने के स्थान भिन्न हैं। यहाँ मालव की सेना मरेगी, दूसरे को यहाँ मरकर अधिकार जमाने का अधिकार नहीं। और बन्धुवर्म्मा मरने-मारने में जितना पटु है, उतना षड्यंत्र में नहीं। आपके रहने से सौ बन्धुवर्म्मा उत्पन्न होंगे। आप शीघ्रता कीजिए।

स्कन्दगुप्त : बन्धुवर्म्मा! तुम बड़े कठोर हो।

बन्धुवर्म्मा : शीघ्रता कीजिए। यहाँ हूणों को रोकना मेरा ही कर्तव्य है, उसे मैं ही करूँगा। महाबलाधिकृत का अधिकार मैं न छोड़ूँगा। चक्रपालित वीर है, परन्तु अभी वह नवयुवक है; आपका वहाँ पहुँचना आवश्यक है। भटार्क पर विश्वास न कीजिए।

स्कन्दगुप्त : मैंने समझा कि हूणों के सम्मुख वह विश्वासघात न करेगा।

बन्धुवर्म्मा : ओह! जिस दिन ऐसा हो जायेगा, उस दिन कोई भी इधर आँख उठाकर न देखेगा। सम्राट् शीघ्रता कीजिए।

स्कन्दगुप्त : *(आलिंगन करता है)* मालवेश की जय!

बन्धुवर्म्मा : महाराजाधिराज श्री स्कन्दगुप्त की जय!

[चर के साथ स्कन्दगुप्त जाते हैं]

[नेपथ्य में रणवाद्य। शत्रुसेना आती है। हूणों की सेना से विकट युद्ध। हूणों का मरना। घायल होकर भागना। बन्धुवर्म्मा की अन्तिम अवस्था। गरुड़ध्वज टेक कर उसे चूमना]

बन्धुवर्म्मा : *(दम तोड़ते हुए)* विजय! तुम्हारी....विजय...! आर्य साम्राज्य की जय।

सब : आर्य साम्राज्य की जय!

बन्धुवर्म्मा : भाई! स्कन्दगुप्त से कहना कि मालव-वीर ने अपनी प्रतिज्ञा पूरी की; भीम और देवसेना उनकी शरण हैं।

सैनिक : महाराज! आप क्या कहते हैं! *(सब शोक करते हैं)*

बन्धुवर्म्मा : बन्धुगण! यह रोने का नहीं, आनन्द का समय है। कौन वीर इसी तरह जन्मभूमि की रक्षा में प्राण देता है, यही मैं ऊपर से देखने जाता हूँ।

सैनिक : महाराज बन्धुवर्म्मा की जय!

[गरुड़ध्वज की छाया में बन्धुवर्म्मा की मृत्यु]

[दृश्यान्तर]

षष्ठ दृश्य

[दुर्ग के सम्मुख कुभा का रणक्षेत्र। चक्रपालित और स्कन्दगुप्त]

चक्रपालित : सम्राट्! प्रतारणा की पराकाष्ठा! दो दिन से जानबूझकर शत्रु को उस पहाड़ी पर जमने का अवकाश दिया जा रहा है। आक्रमण करने से मैं रोका जा रहा हूँ। समस्त मगध की सेना उसके संकेत पर चल रही है।

स्कन्दगुप्त : चक्र! कुभा में जल बहुत कम है, आज ही उतरना होगा। तुम्हें दुर्ग में रहना चाहिए। मैं भटार्क पर विश्वास तो करता

ही नहीं, परन्तु उस पर प्रकट रूप से अविश्वास का भी समय नहीं रहा।

चक्रपालित : नहीं सम्राट्! उसे बन्दी कीजिए। वह देखिए—आ रहा है।

भटार्क : *(प्रवेश करके)* राजाधिराज की जय हो!

स्कन्दगुप्त : क्यों सेनापति! यह क्या हो रहा है?

भटार्क : आक्रमण की प्रतीक्षा सम्राट्!

स्कन्दगुप्त : या समय की?

भटार्क : सम्राट् का मुझ पर विश्वास नहीं है, यह...

चक्रपालित : विश्वास तो कहीं से क्रय नहीं किया जाता!

भटार्क : तुम अभी बालक हो!

चक्रपालित : दुराचारी! कृतघ्न! अभी मैं तेरा कलेजा फाड़ खाता; तेरा...

भटार्क : सावधान! अब मैं सहन नहीं कर सकता!

[तलवार पर हाथ रखता है]

स्कन्दगुप्त : भटार्क! यह बालक है। कूटमंत्रणा, वाक्चातुरी नहीं जानता। चुप रहो चक्र!

[चक्रपालित और भटार्क सिर नीचा कर लेते हैं]

स्कन्दगुप्त : भटार्क! प्रवंचना का समय नहीं है। स्मरण रखना—कृतघ्न और नीचों की श्रेणी में तुम्हारा नाम पहले रहेगा।

[भटार्क चुप रह जाता है]

स्कन्दगुप्त : युद्ध के लिए प्रस्तुत हो?

भटार्क : मेरा खड्ग साम्राज्य की सेवा करेगा।

स्कन्दगुप्त : अच्छा तो अपनी सेना लेकर तुम गिरिसंकट पर पीछे से आक्रमण करो और सामने से मैं आता हूँ। चक्र! तुम दुर्ग की रक्षा करो।

भटार्क : जैसी आज्ञा। नगरहार के स्कन्धावार को भी सहायता के लिए कहला दिया जाय तो अच्छा हो।

स्कन्दगुप्त : चर गया है। तुम शीघ्र जाओ। देखो—सामने शत्रु दीख पड़ते हैं।

[भटार्क का प्रस्थान]

चक्रपालित : तो मैं बैठा रहूँ।

स्कन्दगुप्त : भविष्य अच्छा नहीं है चक्र! नगरहार से समय पर सहायता पहुँचती नहीं दिखाई देती। परन्तु यदि आवश्यकता हो, तो शीघ्र नगरहार की ओर प्रत्यावर्तन करना। मैं वहीं तुमसे मिलूँगा।

[चर का प्रवेश]

स्कन्दगुप्त : गान्धार युद्ध का क्या समाचार है?

चर : विजय। उस रणक्षेत्र में हूण नहीं रह गये। परन्तु सम्राट बन्धुवर्म्मा नहीं हैं।

स्कन्दगुप्त : आह बन्धु! तुम चले गये? धन्य हो वीर-हृदय

[शोक से बैठ जाता है]

चक्रपालित : इसका समय नहीं है सम्राट्, उठिए सेना आ रही है; इस समय यह समाचार नहीं प्रचारित करना है।

स्कन्दगुप्त : *(उठते हुए)* ठीक कहा!

[भटार्क के साथ सेना का प्रवेश]

स्कन्दगुप्त : देखो कुभा के उस बन्ध से सावधान रहना। आक्रमण में यदि असफलता हो, और शत्रु की दूसरी सेना कुभा को पार करना चाहे, तो उसे काट देना। देखो भटार्क! तुम्हारे विश्वास का यही प्रमाण है।

भटार्क : जैसी आपकी आज्ञा।

[कुछ सैनिकों के साथ जाता है]

स्कन्दगुप्त : चक्र! दुर्ग-रक्षक सैनिकों को लेकर तुम प्रतीक्षा करना। हम इसी छोटी-सी सेना से आक्रमण करेंगे। तुम सावधान! देखो—वह हूण आ रहे हैं! उन्हें वहीं रोकना होगा।

[नेपथ्य में रण-वाद्य]

चक्रपालित : जैसी आज्ञा। *(जाता है)*

स्कन्दगुप्त : वीर मगध-सैनिको! आज स्कन्दगुप्त तुम्हारी परिचालना कर रहा है, यह ध्यान रहे, गरुड़ध्वज का मान रहे, भले ही प्राण जाएँ!

मगध-सेना : राजाधिराज श्री स्कन्दगुप्त की जय!

[सेना बढ़ती है, ऊपर अस्त्र वर्षा होती है। घोर युद्ध के बाद हूण भागते हैं। साम्राज्य-सेना का जयनाद करते हुए शिखर पर अधिकार करना]

नायक : *(ऊपर देखता हुआ)* सम्राट्! आश्चर्य है, भागी हुई हूण-सेना कुभा के उस पार उतर जाना चाहती है।

स्कन्दगुप्त : क्या कहा?

नायक : कुछ मगध-सेना भी वहाँ है, परन्तु वह तो जैसे उनका स्वागत कर रही है!

स्कन्दगुप्त : विश्वासघात! प्रतारणा! नीच भटार्क!

नायक : फिर क्या आज्ञा है?

स्कन्दगुप्त : दुर्ग की रक्षा होनी चाहिए। उस पार की हूण-सेना यदि आ गई, तो कृतघ्न भटार्क उन्हें मार्ग बतावेगा। वीरो, शीघ्र उन्हें उसी पार रोकना होगा। अभी कुभा पार होने की सम्भावना है।

[नायक तुरही बजाता है, सैनिक इकट्ठे होते हैं]

स्कन्दगुप्त : *(घबराहट से देखते हुए)* शीघ्रता करो!

नायक : क्या?

स्कन्दगुप्त : नीच भटार्क ने बाँध तोड़ दिया है, कुभा में जल बड़े वेग से बढ़ रहा है। चलो शीघ्र...

[सब उतरना चाहते हैं, कुभा में अकस्मात जल बढ़ जाता है; सब बहते हुए दिखाई देते हैं]

[अन्धकार]

[दृश्यान्तर]

चतुर्थ अंक

प्रथम दृश्य

[प्रकोष्ठ में विजया और अनन्तदेवी]

अनन्तदेवी : क्या कहा?

विजया : मैं आज ही पासा पलट सकती हूँ! जो झूला ऊपर उठ रहा है, उसे एक झटके में पृथ्वी चूमने के लिए विवश कर सकती हूँ।

अनन्तदेवी : क्यों? इतनी उत्तेजना क्यों है? सुनूँ भी तो!

विजया : समझ जाओ!

अनन्तदेवी : नहीं, स्पष्ट कहो!

विजया : भटार्क मेरा है!

अनन्तदेवी : तो?

विजया : उस राह से दूसरों को हटाना होगा।

अनन्तदेवी : कौन छीन रहा है?

विजया : एक पाप-पंक में फँसी हुई निर्लज्ज नारी। क्या उसका नाम भी बताना होगा? समझो, नहीं तो साम्राज्य का स्वप्न गला दबा कर भंग कर दिया जायेगा।

अनन्तदेवी : *(हँसती हुई)* मूर्ख रमणी! तेरा भटार्क केवल मेरे कार्य-साधन का अस्त्र है, और कुछ नहीं। वह पुरगुप्त के ऊँचे सिंहासन की सीढ़ी है, समझी?

विजया : समझी, और तुम भी जान लो कि तुम्हारा नाश समीप है।

अनन्तदेवी : *(बात बनाती हुई)* क्या तुम पुरगुप्त के साथ सिंहासन पर बैठना चाहती हो? क्यों—वह भी तो कुमारगुप्त का पुत्र है?

विजया : हाँ, वह कुमारगुप्त का पुत्र है; परन्तु वह तुम्हारे गर्भ से उत्पन्न है! तुमसे उत्पन्न हुई सन्तान—छिः!

अनन्तदेवी : क्या कहा? समझ कर कहना।

विजया : कहती हूँ, और कहूँगी! प्रलोभन से, धमकी से, भय से, कोई भी मुझको भटार्क से वंचित नहीं कर सकता। प्रणय-वंचिता स्त्रियाँ अपनी राह के रोड़े—विघ्नों—को दूर करने के लिए वज्र से भी दृढ़ होती हैं! हृदय को छीन लेने वाली स्त्री के प्रति हृत्सर्वस्वा रमणी पहाड़ी नदियों से भयानक, ज्वालामुखी के विस्फोट से बीभत्स और प्रलय की अनल-शिखा से भी लहरदार होती है! मुझे तुम्हारा सिंहासन नहीं चाहिए। मुझे क्षुद्र पुरगुप्त के विलास-जर्जर मन और यौवन में जीर्ण शरीर का अवलम्ब वांछनीय नहीं। कहे देती हूँ, हट जाओ, नहीं तो तुम्हारी समस्त कुमंत्रणा को एक फूँक में उड़ा दूँगी।

अनन्तदेवी : क्या! इतना साहस! तुच्छ स्त्री! तू जानती है कि किसके साथ बात कर रही है? मैं वही हूँ—जो अश्वमेध-पराक्रम कुमारगुप्त से, बालों को सुगन्धित करने के लिए गन्धचूर्ण मलवाती थी—जिसकी एक तीखी कोर से गुप्त-साम्राज्य डाँवाडोल हो रहा है, उसे तुम...एक सामान्य स्त्री! जा-जा, ले अपने भटार्क को; मुझे ऐसे कीट-पतंगों की आवश्यकता नहीं! परन्तु स्मरण रखना, मैं हूँ अनन्तदेवी! तेरी कूटनीति के कण्टकित कानन की दावाग्नि—तेरे गर्व-शैल-शृंग का वज्र! मैं वह आग लगाऊँगी, जो प्रलय के समुद्र से भी न बुझे!

[जाती है]

विजया : मैं कहीं की न रही! इधर भयानक पिशाचों की लीला-भूमि, उधर गम्भीर समुद्र! दुर्बल रमणी-हृदय थोड़ी आँच में गरम और शीतल हाथ फेरते ही ठण्डा! क्रोध से अपने आत्मीय जनों पर विष उगल देना! जिनको क्षमा की आवश्यकता है—जिन्हें स्नेह के पुरस्कार की वांछा है, उनकी भूल पर कठोर तिरस्कार; जो पराये हैं, उनके साथ दौड़ती हुई सहानुभूति! यह मन का विष, यह बदलने वाले हृदय की क्षुद्रता है! ओह! जब हम अनजान लोगों की भूल और दुखों पर क्षमा या सहानुभूति प्रकट करते हैं, तो भूल जाते हैं कि यहाँ मेरा स्वार्थ नहीं है। क्षमा और उदारता वही सच्ची है जहाँ स्वार्थ की भी बलि हो। अपना अतुल धन और हृदय दूसरों के हाथ देकर चलूँ—कहाँ? किधर—*(उन्मत-भाव से प्रस्थान करना चाहती है)*

[पदच्युत नायक का प्रवेश]

नायक : शान्त हो।

विजया : कौन है?

नायक : एक सैनिक?

विजया : दूर हो, मुझे सैनिकों से घृणा है!

नायक : क्यों सुन्दरी?

विजया : क्रूर! केवल अपने झूठे मान के लिए, बनावटी बड़प्पन के लिए, अपना दम्भ दिखलाने के लिए एक अनियंत्रित हृदय का लोहों से खेल विडम्बना है! किसकी रक्षा, किस दीन की सहायता के लिए तुम्हारे अस्त्र हैं?

नायक : साम्राज्य की रक्षा के लिए!

विजया : झूठ! तुम सबको जंगली हिंस्र पशु होकर जन्म लेना था। डाकू! थोड़े-से ठीकरों के लिए अमूल्य मानव-जीवन का नाश करने वाले भयानक भेड़िये!

नायक : *(स्वगत)* पागल हो गई है क्या?

विजया : स्नेहमयी देवसेना की शंका से तिरस्कार किया, मिलते हुए स्वर्ग को घमंड से तुच्छ समझा, देवतुल्य स्कन्दगुप्त से विद्रोह किया, किसलिए? केवल अपना रूप, धन, यौवन दूसरे को दान करके उन्हें नीचा दिखाने के लिए? स्वार्थपूर्ण मनुष्यों की प्रतारणा में पड़कर खो दिया—इस लोक का सुख, उस लोक की शान्ति! ओह!

नायक : शान्त हो!

विजया : शान्ति कहाँ अपनों को दंड देने के लिए मैं स्वयं उनसे अलग हुई; उन्हें दिखाने के लिए—'मैं भी कुछ हूँ!' अपनी भूल थी, उसे अभिमान से उनके सिर दोष के रूप में मढ़ रखा था। उन पर झूठा अभियोग लगाकर, नीच-हृदय को नित्य उत्तेजित कर रही थी। अब उसका फल मिला।

नायक : रमणी! भूला हुआ लौट आता है, खोया हुआ मिल जाता है; परन्तु जो जानबूझकर भूल-भुलैया तोड़ने के अभिमान से उसमें घुसता है, वह उसी चक्रव्यूह में स्वयं मरता है, दूसरों को भी मारता है। शान्ति का—कल्याण का—मार्ग उन्मुक्त है! द्रोह को छोड़ दो, स्वार्थ को विस्मृत करो, सब तुम्हारा है।

विजया : *(सिसकती हुई)* मैं अनाथ, निःसहाय हूँ।

नायक : *(बनावटी रूप उतारते)* मैं शर्वनाग हूँ! सम्राट का अनुचर हूँ! मगध की परिस्थिति देखकर अपने विषय अन्तर्वेद को लौट रहा हूँ।

विजया : क्या अन्तर्वेद के विषयपति शर्वनाग?

शर्वनाग : हाँ, परन्तु देश पर एक भीषण आतंक है! भटार्क की पिशाच-लीला सफल होना चाहती है। विजया चलो, देश के प्रत्येक बच्चे, बूढ़े और युवक को उसकी भलाई में लगाना होगा; कल्याण का मार्ग प्रशस्त करना होगा। आओ यदि हम राजसिंहासन न प्रस्तुत कर सकें तो हमें अधीर न होना चाहिए। हम देश की प्रत्येक गली को झाड़ू देकर ही इतना स्वच्छ कर दें कि उस पर चलने वाले राजमार्ग का सुख पाएँ!

विजया : *(कुछ सोचकर)* तुमने सच कहा! सबको कल्याण के शुभागमन के लिए कटिबद्ध होना चाहिए। चलो—

[दोनों का प्रस्थान]

[दृश्यान्तर]

द्वितीय दृश्य

[भटार्क के शिविर में नर्तकी गाती है]

भाव-निधि में लहरियाँ उठतीं तभी,
भूल कर भी जब स्मरण होता कभी।
मधुर मुरली फूँक दी तुमने भला,
नींद मुझको आ चली थी बस अभी।
सब रगों में फिर रही हैं बिजलियाँ,
नील नीरद! क्या न बरसोगे कभी।
एक झोंका और मलयानिल अहा!
क्षुद्र कलिका है खिली जाती अभी।
कौन मर-मर कर जियेगा इस तरह,
यह समस्या हल न होगी क्या कभी?

[कमला और देवकी का प्रवेश]

देवकी : भटार्क! कहाँ है मेरा सर्वस्व? बता दे—मेरे आनन्द का उत्सव, मेरी आशा का सहारा, कहाँ है?

भटार्क : कौन?

कमला : कृतघ्न! नहीं देखता है, यह वही देवी हैं—जिन्होंने तेरे नारकीय अपराध को क्षमा किया था—जिन्होंने तुझसे घिनौने कीड़े को भी मरने से बचाया था, वही, वही, देव-प्रतिमा महादेवी देवकी।

भटार्क : *(पहचानकर)* कौन? मेरी माँ!

कमला : तू कह सकता है। परन्तु मुझे तुझको पुत्र कहने में संकोच होता है, लज्जा से गड़ी जा रही हूँ! जिस जननी की सन्तान—जिसका अभागा पुत्र—ऐसा देशद्रोही हो, उसको क्या मुँह दिखाना चाहिए? आह भटार्क!

भटार्क : राजमाता और मेरी माता!

देवकी : बता भटार्क! वह आर्यावर्त का रत्न कहाँ है? देश का बिना दाम का सेवक, वह जन-साधारण के हृदय का स्वामी, कहाँ है? उससे शत्रुता करते हुए तुझे...

कमला : बोल दे भटार्क!

भटार्क : क्या कहूँ, कुभा की क्षुब्ध लहरों से पूछो, हिमवान की गल जाने वाली बर्फ से पूछो कि वह कहाँ। मैं नहीं...

देवकी : आह! गया मेरा स्कन्द!! मेरा प्राण!!!

[गिरती है, मृत्यु]

कमला : *(उसे सँभालती हुई)* देख पिशाच! एक बार अपनी विजय पर प्रसन्नता से खिलखिला ले। नीच! पुण्य-प्रतिमा को, स्त्रियों की गरिमा को, धूल में लोटता हुआ देखकर, एक बार हृदय खोल कर हँस ले। हा देवी!

भटार्क : क्या! *(भयभीत होकर देखता है)*

कमला : इस यंत्रणा और प्रतारणा से भरे हुए संसार की पिशाचभूमि को छोड़कर अक्षय लोक को गई, और तू जीता रहा—सुखी घरों में आग लगाने, हाहाकार मचाने और देश को अनाथ बनाकर उसकी दुर्दशा कराने के लिए—नरक के कीड़े! तू जीता रहा!!

भटार्क : माँ, अधिक न कहो साम्राज्य के विरुद्ध कोई अपराध करने का मेरा उद्‌देश्य नहीं था, केवल पुरगुप्त को सिंहासन

पर बिठाने की प्रतिज्ञा से प्रेरित होकर मैंने यह किया। स्कन्दगुप्त न सही, पुरगुप्त सम्राट् होगा।

कमला : अरे मूर्ख! अपनी तुच्छ बुद्धि को सत्य मानकर, उसके दर्प में भूल कर, मनुष्य कितना बड़ा अपराध कर सकता है! पामर! तू सम्राटों का नियामक बन गया? मैंने भूल की; सूतिका-गृह में ही तेरा गला घोंट कर क्यों न मार डाला! आत्महत्या के अतिरिक्त अब कोई प्रायश्चित्त नहीं।

भटार्क : माँ, क्षमा करो। आज से मैंने शस्त्र-त्याग किया। मैं इस संघर्ष से अलग हूँ, अब अपनी दुर्बुद्धि से तुम्हें कष्ट न पहुँचाऊँगा *(तलवार डाल देता है)*

कमला : तूने विलम्ब किया भटार्क! महादेवी...एक दिन जिसके नाम पर गुप्त-साम्राज्य नतमस्तक होता था, आज उसकी अन्त्येष्टि-क्रिया के लिए कोई उपाय नहीं! हा दुर्देव!

भटार्क : *(ताली बजाती है, सैनिक आते हैं)* महादेवी की अन्त्येष्टि-क्रिया राज-सम्मान से होनी चाहिए। चलो, शीघ्रता करो!

[देवकी के शव को एक ऊँचे स्थान पर दोनों मिलकर रखते हैं]

कमला : भटार्क! इस पुण्यचरण के स्पर्श से सम्भव है, तेरा पाप छूट जाय।

[भटार्क और कमला पर तीव्र आलोक]

[दृश्यान्तर]

तृतीय दृश्य

[कश्मीर के न्यायाधिकरण में मातृ-गुप्त; एक स्त्री और दंडनायक]

मातृगुप्त : नन्दीग्राम के दंडनायक देवनन्द! यह क्या है?

देवनन्द : कुमारामात्य की जय हो! बहुत परिश्रम करने पर भी मैं इस रमणी के अपहृत धन का पता न लगा सका। इसमें मेरा अपराध अधिक नहीं।

मातृगुप्त : फिर किसका है? तुम गुप्त-साम्राज्य का विधान भूल गये! प्रजा की रक्षा के लिए कर लिया जाता है। यदि तुम उसकी रक्षा न कर सके तो वह अर्थ तुम्हारी भृति से कट कर इस रमणी को मिलेगा।

देवनन्द : परन्तु वह इतना अधिक है कि मेरे जीवन-भर की भृति से भी उसका भरना असम्भव है।

मातृगुप्त : तब राजकोष उसे देगा, और तुम उसका फल भोगोगे।

देवनन्द : परन्तु मैं पहले ही निवेदन कर चुका हूँ, इसमें मेरा अपराध अधिक नहीं है। यह श्रीनगर की सबसे अधिक समृद्धिशालिनी वेश्या है। यह अपने अन्तरंग लोगों का परिचय भी नहीं बताती; फिर मैं कैसे पता लगाऊँ? गुप्तचर भी थक गये।

मातृगुप्त : हाँ, इसका नाम मैं भूल गया।

देवनन्द : मालिनी।

मातृगुप्त : क्या! मालिनी? *(कुछ सोचता हुआ)* अच्छा, जाओ कोषाध्यक्ष को भेज दो।

[देवनन्द का प्रस्थान]

मातृगुप्त : मालिनी! अवगुंठन हटाओ, सिर ऊँचा करो, मैं अपना भ्रम निवारण करना चाहता हूँ।

[अवगुंठन हटाकर मालिनी मातृगुप्त की ओर देखती है, मातृगुप्त चकित होकर उसको देखता है]

मातृगुप्त : तुम कौन हो—मालिनी? छलना! नहीं-नहीं, भ्रम है!

मालिनी : नहीं मातृगुप्त, मैं ही हूँ! अवगुंठन केवल इसलिए था कि मैं तुम्हें मुख नहीं दिखला सकती थी। मातृगुप्त! मैं वही हूँ।

मातृगुप्त : तुम? नहीं मेरी मालिनी! मेरे हृदय की आराध्य देवता—वेश्या! असम्भव। परन्तु नहीं, वही है मुख! यद्यपि विलास ने उस पर अपनी मलिन छाया डाल दी है—उस पर अपने अभिशाप की छाप लगा दी है; पर तुम वही हो। हा दुर्दैव!

मालिनी : दुर्दैव!

मातृगुप्त : मैं आज तक तुम्हें पूजता था। तुम्हारी पवित्र स्मृति को कंगाल की निधि की भाँति छिपाये रहा। मूर्ख मैं...आह

मालिनी! मेरे शून्य भाग्याकाश के मन्दिर का द्वार खोलकर तुम्हीं ने उनींदी उषा के सदृश झाँका था, और मेरे भिखारी संसार पर स्वर्ण बिखेर दिया था। तुम्हीं ने मालिनी! तुमने सोने के लिए नन्दन का अम्लान कुसुम बेच डाला। जाओ मालिनी! राजकोष से अपना धन ले लो।

मालिनी : *(मातृगुप्त के पैरों पर गिरती हुई)* एक बार क्षमा कर दो मातृगुप्त!

मातृगुप्त : मैं इतना दृढ़ नहीं हूँ मालिनी कि तुम्हें इस अपराध के कारण भूल जाऊँ। पर वह स्मृति दूसरे प्रकार की होगी। उसमें ज्वाला न होगी। धुआँ उठेगा और तुम्हारी मूर्ति धुँधली होकर सामने आयेगी! जाओ!

[मालिनी का प्रस्थान, चर का प्रवेश]

चर : कुमारामात्य की जय हो!

मातृगुप्त : क्या समाचार है? सम्राट् का पता लगा?

चर : नहीं। पंचनद हूणों के अधिकार में है, और वे काश्मीर पर भी आक्रमण किया चाहते हैं।

[चर का प्रस्थान]

मातृगुप्त : तो सब गया! मेरी कल्पना के सुन्दर स्वप्नों का प्रभात हो रहा है। नाचती हुई नीहार-कणिकाओं पर तीखी किरणों के भाले! ओह! सोचा था कि देवता जागेंगे, एक बार आर्यावर्त में गौरव का सूर्य चमकेगा, और पुण्य कर्मों से समस्त पाप-पंक धुल जाएँगे; हिमालय से निकली हुई सप्तसिन्धु तथा गंगा-यमुना की घाटियाँ किसी आर्य सद्गृहस्थ के स्वच्छ और पवित्र आँगन-सी, भूखी जाति के निर्वासित प्राणियों को अन्नदान देकर सन्तुष्ट करेंगी; और आर्य जाति अपने दृढ़ सबल हाथों में शस्त्र-ग्रहण करके पुण्य का पुरस्कार और पाप का तिरस्कार करती हुई, अचल हिमालय की भाँति सिर ऊँचा किये, विश्व को सदाचरण के लिए सावधान करती रहेगी, आलस्य-सिन्धु में शेष-पर्यंक-शायी सुषुप्तिनाथ जागेंगे; सिन्धु में हलचल होगी, रत्नाकर से रत्नराशियाँ आर्यावर्त्त की बेलाभूमि पर निछावर होंगी। उद्‌बोधन के गीत गाये—

हृदय के उद्गार सुनाये जाएँगे, परन्तु पासा पलट कर भी न पलटा! प्रवीर उदार-हृदय स्कन्दगुप्त, कहाँ है? तब, काश्मीर! तुझसे विदा।

[प्रस्थान]

[दृश्यान्तर]

चतुर्थ दृश्य

[नगर प्रान्त के पथ में धातुसेन और प्रख्यातकीर्ति]

प्रख्यातकीर्ति : प्रिय वयस्य! आज तुम्हें आये इतने दिन हुए, क्या सिंहल का राज्य भारत-पर्यटन के सामने तुच्छ प्रतीत होता है?

धातुसेन : भारत समग्र विश्व का है, और सम्पूर्ण वसुन्धरा इसके प्रेमपाश में आबद्ध है। अनादिकाल से ज्ञान की, मानवता की ज्योति यह विकीर्ण कर रहा है। वसुन्धरा का हृदय—भारत—किस मूर्ख को प्यारा नहीं है? तुम देखते नहीं कि विश्व का सबसे ऊँचा शृंग इसके सिरहाने, और सबसे गम्भीर तथा विशाल समुद्र इसके चरणों के नीचे है? एक-से-एक सुन्दर दृश्य प्रकृति ने अपने इस घर में चित्रित कर रखा है। भारत के कल्याण के लिए मेरा सर्वस्व अर्पित है। किन्तु देखता हूँ, बौद्ध जनता और संघ भी साम्राज्य के विरुद्ध हैं। महाबोधि-विहार के संघ महास्थविर ने निर्वाण-लाभ किया है, उस पद के उपयुक्त भारत-भर में केवल प्रख्यातकीर्ति है। तुमसे संघ की मलिनता बहुत-कुछ धुल जायेगी।

प्रख्यातकीर्ति : राजमित्र! मुझे क्षमा कीजिए। मैं धर्म-लाभ करने के लिए भिक्षु हुआ हूँ, महास्थविर बनने के लिए नहीं!

धातुसेन : मित्र! मैं मातृगुप्त से मिलना चाहता हूँ।

प्रख्यातकीर्ति : वह तो विरक्त होकर घूम रहा है।

धातुसेन : तुमको मेरे साथ काश्मीर चलना होगा।

प्रख्यातकीर्ति : पर अभी तो कुछ दिन ठहरोगे?

धातुसेन : जहाँ तक सम्भव हो, शीघ्र चलो।

[एक भिक्षु का प्रवेश]

भिक्षु : आचार्य! महान् अनर्थ!

प्रख्यातकीर्ति : क्या है? कुछ कहो भी!

भिक्षु : विहार के समीप जो चतुष्पथ का चैत्य है वहाँ कुछ ब्राह्मण बलि किया चाहते हैं! इधर भिक्षु और बौद्ध जनता उत्तेजित है।

धातुसेन : चलो, हम लोग भी चलें, उन उत्तेजित लोगों को शान्त करने का प्रयत्न करें।

[सब जाते हैं]

[दृश्यान्तर]

पंचम दृश्य

[विहार के समीप चतुष्पथ। एक ओर ब्राह्मण लोग बलि का उपकरण लिये, दूसरी ओर उत्तेजित भिक्षु और बौद्ध जनता। दंडनायक का प्रवेश]

दंडनायक : नागरिकगण! यह समय अन्तर्विग्रह का नहीं है। देखते नहीं हो कि साम्राज्य बिना कर्णधार का पोत होकर डगमगा रहा है, और तुम लोग क्षुद्र बातों के लिए परस्पर झगड़ते हो।

ब्राह्मण : इन्हीं बौद्धों ने गुप्त शत्रु का काम किया है। कई बार के विताड़ित हूण इन्हीं लोगों की सहायता से पुन: आये हैं। इन गुप्त शत्रुओं को कृतघ्नता का उचित दंड मिलना चाहिए।

श्रमण : ठीक है। गंगा, यमुना और सरयू के तट पर गड़े हुए यज्ञयूप सद्धर्मियों की छाती में ठुकी हुई कीलों की तरह अब भी खटकते हैं। हम लोग निस्सहाय थे, क्या करते? विधर्मी विदेशी की शरण में भी यदि प्राण बच जाएँ और धर्म की रक्षा हो। राष्ट्र और समाज मनुष्य के द्वारा बनते हैं—उन्हीं के सुख के लिए। जिस राष्ट्र और समाज से हमारी सुख-शान्ति में बाधा पड़ती हो, उसका हमें तिरस्कार करना ही होगा। इन संस्थाओं का उद्देश्य है—मानवों की सेवा। यदि वे हमीं से अवैध सेवा लेना चाहें और हमारे कष्टों को न हटावें, तो हमें उनकी सीमा के बाहर जाना ही पड़ेगा!

ब्राह्मण : ब्राह्मणों को इतनी हीन अवस्था में बहुत दिनों तक विश्वनियन्ता नहीं देख सकते। जो जाति विश्व के मस्तिष्क

का शासन करने का अधिकार लिये उत्पन्न हुई है, वह कभी चरणों के नीचे न बैठेगी। आज यहाँ बलि होगी—हमारे धर्माचरण में स्वयं विधाता भी बाधा नहीं डाल सकते।

श्रमण : निरीह प्राणियों के वध में कौन-सा धर्म है, ब्राह्मण? तुम्हारी इसी हिंसा-नीति और अहंकारमूलक आत्मवाद का खंडन तथागत ने किया था। उस समय तुम्हारा ज्ञान-गौरव कहाँ था? क्यों नत-मस्तक होकर समग्र जम्बूद्वीप ने उस ज्ञान-रणभूमि के प्रधान मल्ल के समक्ष हार स्वीकार की? तुम हमारे धर्म पर अत्याचार किया चाहते हो, यह नहीं हो सकेगा। इन पशुओं के बदले हमारी बलि होगी। रक्तपिपासु दुर्दान्त ब्राह्मणदेव! तुम्हारी पिपासा हम अपने रुधिर से शान्त करेंगे।

धातुसेन : *(प्रवेश करके)* अहंकारमूलक आत्मवाद का खंडन करके गौतम ने विश्वात्मवाद को नष्ट नहीं किया। यदि वैसा करते तो इतनी करुणा की क्या आवश्यकता थी? उपनिषदों के नेति-नेति से ही गौतम का अनात्मवाद पूर्ण है। यह प्राचीन महर्षियों का कथित सिद्धान्त, मध्यमा प्रतिपदा के नाम से, संसार में प्रचारित हुआ। व्यक्तिरूप में आत्मा के सदृश कुछ नहीं है। वह एक सुधार था, उसके लिए रक्तपात क्यों?

दंडनायक : देखो, यदि ये हठी लोग कुछ तुम्हारे समझाने से मान जाएँ, अन्यथा यहाँ बलि न होने दूँगा।

ब्राह्मण : क्यों न होने दोगे? अधार्मिक शासक! क्यों न होने दोगे? आज गुप्त कुचक्रों से गुप्त-साम्राज्य शिथिल है। कोई क्षत्रिय राजा नहीं जो ब्राह्मण के धर्म की रक्षा कर सके—जो धर्माचरण के लिए अपने राजकुमारों को तपस्वियों की रक्षा में नियुक्त करे। आह धर्मदेव! तुम कहाँ हो?

धातुसेन : सप्तसिन्धु-प्रदेश नृशंस हूणों से पादाक्रान्त है। जाति भीत और त्रस्त है, और उसका धर्म असहाय अवस्था में पैरों से कुचला जा रहा है। क्षत्रिय राजा, धर्म का पालन कराने वाला राजा, पृथ्वी पर क्यों नहीं रह गया? आपने इसे विचारा है? क्यों ब्राह्मण टुकड़ों के लिए अन्य लोगों की उपजीविका छीन रहे हैं? क्यों एक वर्ण के लोग दूसरों की अर्थकरी वृत्तियाँ ग्रहण करने लगे हैं? लोभ ने तुम्हारे धर्म का व्यवसाय चला दिया। दक्षिणा की योग्यता से—स्वर्ग, पुत्र, धन, यश, विजय और मोक्ष तुम बेचने लगे। कामना से अन्धी जनता के विलासी

समुदाय के ढोंग के लिए तुम्हारा धर्म आवरण हो गया है। जिस धर्म के आचरण के लिए पुष्कल स्वर्ण चाहिए, वह धर्म जन-साधारण की सम्पत्ति नहीं। धर्मवृक्ष के चारों ओर स्वर्ण के काँटेदार जाल फैलाये गये हैं और व्यवसाय की ज्वाला से वह दग्ध हो रहा है। जिन धनवानों के लिए तुमने धर्म को सुरक्षित रखा, उन्होंने समझा कि धर्म धन से खरीदा जा सकता है; इसलिए धनोपार्जन मुख्य हुआ और धर्म गौण। जो पारस्यदेश की मूल्यवान मदिरा रात को पी सकता है, वह धार्मिक बने रहने के लिए प्रभात में एक गो-निष्क्रिय भी कर सकता है। धर्म को बचाने के लिए तुम्हें राजशक्ति की आवश्यकता हुई। धर्म इतना निर्बल है कि वह पाशव बल के द्वारा सुरक्षित होगा?

ब्राह्मण : तुम कौन हो? मूर्ख उपदेशक! हट जाओ। तुम नास्तिक प्रच्छन्न बौद्ध! तुमको क्या अधिकार है कि हमारे धर्म की व्याख्या करो?

धातुसेन : ब्राह्मण क्यों महान् हैं। इसलिए कि वे त्याग और क्षमा की मूर्ति हैं। इसी के बल पर बड़े-बड़े सम्राट् उनके आश्रमों के निकट निरस्त्र होकर जाते थे, और वे तपस्वी ऋत और अमृत वृत्ति से जीवन निर्वाह करते हुए सायं-प्रात: अभिलाषा में भगवान् से प्रार्थना करते थे—

सर्वेऽपि सुखिन: सन्तु सर्वे निरामया:।
सर्वे भद्राणि पश्यन्तु मा कश्चिद्दु:खमाप्नुयात्॥

आप लोग उन्हीं ब्राह्मणों की सन्तान हैं, जिन्होंने अनेक यज्ञों को एक बार ही बन्द कर दिया था। उनका धर्म समयानुकूल प्रत्येक परिवर्तन को स्वीकार करता है; क्योंकि मानव बुद्धि-ज्ञान की—जो वेदों के द्वारा हमें मिला है—प्रस्तार करेगी, उसके विकास के साथ बढ़ेगी और यही धर्म की श्रेष्ठता है।

प्रख्यातिकीर्ति : धर्म के अन्धभक्तो! मनुष्य अपूर्ण है। इसलिए सत्य का विकास जो उनके द्वारा होता है, अपूर्ण होता है। यही विकास का रहस्य है। यदि ऐसा न हो तो ज्ञान की वृद्धि असम्भव हो जाय। प्रत्येक प्रचारक को कुछ-न-कुछ प्राचीन असत्य परम्पराओं का आश्रय इसी से ग्रहण करना पड़ता है। सभी धर्म, समय और देश की स्थिति के अनुसार, निवृत्त होते रहे हैं और होंगे। हम लोगों को हठधर्मिता से उन आगन्तुक क्रमिक पूर्णता प्राप्त करने वाले ज्ञानों से मुँह न फेरना चाहिए। हम लोग एक ही

मूल धर्म की दो शाखाएँ हैं। आओ हम दोनों के विचार के फूलों से दुख-दग्ध मानवों का कठोर पथ कोमल करें।

बहुत-से लोग : ठीक तो है, ठीक तो है, हम लोग व्यर्थ आपस में ही झगड़ते हैं और आततायियों को देखकर घर में घुस जाते हैं। हूणों के सामने तलवारें लेकर इसी तरह क्यों नहीं अड़ जाते?

दंडनायक : यही तो बात है नागरिक!

प्रख्यातकीर्ति : मैं इस विहार का आचार्य हूँ, और मेरी सम्मति धार्मिक झगड़ों में बौद्धों को माननी चाहिए। मैं जानता हूँ कि भगवान् ने प्राणिमात्र को बराबर बनाया है, और जीव-रक्षा इसीलिए धर्म है। किन्तु जब तुम लोग स्वयं इसके लिए युद्ध करोगे, तो हत्या की संख्या बढ़ेगी ही। अत: यदि तुम में कोई सच्चा धार्मिक हो तो वह आगे आवे, और ब्राह्मणों से पूछे कि आप मेरी बलि देकर इतने जीवों को छोड़ सकते हैं? क्योंकि इन पशुओं से मनुष्यों का मूल्य ब्राह्मणों की दृष्टि मैं भी विशेष होगा। आइए, कौन आता है, किसे बोधिसत्व होने की इच्छा है।

[बौद्धों में से कोई नहीं हिलता]

प्रख्यातकीर्ति : *(हँसकर)* यही आपका धर्मोन्माद था? एक युद्ध करने वाली मनोवृत्ति की प्रेरणा से उत्तेजित होकर अधर्म करना और धर्माचरण की दुन्दुभी बजाना—यही आपकी करुणा की सीमा है? जाइए घर लौट जाइए। *(ब्राह्मण से)* आओ रक्त-पिपासु धार्मिक! लो मेरा उपहार देकर अपने देवता को सन्तुष्ट करो! *(सिर झुका लेता है)*

ब्राह्मण : *(तलवार फेंककर)* धन्य हो महाश्रमण! मैं नहीं जानता था कि तुम्हारे ऐसे धार्मिक भी इसी संघ में हैं। मैं बलि नहीं करूँगा। *(जनता में जय-जयकार, सब धीरे-धीरे जाते हैं)*

[दृश्यान्तर]

षष्ठम दृश्य

[पथ में विजया और मातृगुप्त]

विजया : नहीं कविवर! ऐसा नहीं!

मातृगुप्त : कौन, विजया?

विजया : आश्चर्य और शोक का समय नहीं है। सुकवि-शिरोमणि! गा चुके मिलन-संगीत, गा चुके कोमल कल्पनाओं के लचीले गान, रो चुके प्रेम के पचड़े? एक बार वह उद्‌बोधन-गीत गा दो कि भारतीय अपनी नश्वरता पर विश्वास करके अमर भारत की सेवा के लिए सन्नद्ध हो जाएँ।

मातृगुप्त : कौन, विजया?

विजया : हाँ मातृगुप्त! एक प्राण बचाने के लिए जिसने तुम्हारे हाथ में काश्मीर-मंडल दे दिया था, आज तुम उसी सम्राट् को खोजते हो? एक नहीं ऐसे सहस्र स्कन्दगुप्त, ऐसे सहस्रों देव-तुल्य उदार युवक, इस जन्मभूमि पर उत्सर्ग हो जायँ। सुना दो वह संगीत—जिससे पहाड़ हिल जाय; और समुद्र काँप कर रह जाय; अँगड़ाइयाँ लेकर मुचकुन्द की मोह निद्रा से भारतवासी जाग पड़ें। हम-तुम गली-गली, कोने-कोने पर्यटन करेंगे, पैर पड़ेंगे, लोगों को जगावेंगे!

मातृगुप्त : वीर बाले! तुम धन्य हो। आज से मैं यहीं करूँगा *(देखकर)* वह लो—चक्रपालित आ रहा है।

[चक्रपालित का प्रवेश]

चक्रपालित : लक्ष्मी की लीला, कमल के पत्तों पर जल-बिन्दु, आकाश से मेघ समारोह—अरे इनसे भी क्षुद्र-नीहार कणिकाओं की प्रभात-लीला, मनुष्य की अदृष्टलिपि वैसी ही है, जैसी अग्नि रेखाओं से कृष्ण-मेघ में बिजली की वर्णमाला—एक क्षण में प्रज्वलित, दूसरे क्षण में विलीन होने वाली! भविष्यत् का अनुचर तुच्छ मनुष्य केवल अतीत का स्वामी है।

मातृगुप्त : बन्धु चक्रपालित!

चक्रपालित : कौन, मातृगुप्त?

भीमवर्म्मा : *(सहसा प्रवेश करके)* कहाँ है मेरा भाई, मेरे हृदय का बल, भुजाओं का तेज, वसुन्धरा का शृंगार, वीरता का वरणीय बन्धु, मालव-मुकुट आर्य बन्धुवर्म्मा?

[प्रख्यातकीर्ति और श्रमण का प्रवेश]

प्रख्यातकीर्ति : सब पागल, लूटे गये-से अनाथ और आश्रयहीन—यही तो हैं। आर्यराष्ट्र के कुचले हुए अंकुर, भग्न साम्राज्य पोत के टूटे हुए पटरे और पतवार, ऐसे वीर हृदय! ऐसे उदार!!

मातृगुप्त : तुम कौन हो?

प्रख्यातकीर्ति : सम्भवत: तुम्हीं मातृगुप्त हो!

मातृगुप्त : *(शंका से देखता हुआ)* क्यों अहेरी कुत्तों के समान सूँघते हुए यहाँ भी! परन्तु तुम...

प्रख्यातकीर्ति : सन्देह मत करो मातृगुप्त! शैशव-सहचर कुमार धातुसेन की आज्ञा से मैं तुम लोगों को खोज रहा हूँ। यह लो प्रमाण-पत्र।

मातृगुप्त : *(पढ़कर)* धन्य सिंहल के युवराज, श्रमण! कह देना, मैं आज्ञानुसार चलूँगा, और कनिष्क-चैत्य के समीप भेंट होगी।

प्रख्यातकीर्ति : कल्याण हो! *(जाता है)*

विजया : कहाँ चलें हम लोग?

मातृगुप्त : उसी जंगल में।

[सब लोग जाते हैं]

[दृश्यान्तर]

सप्तम दृश्य

[कमला की कुटी में विचित्र अवस्था में स्कन्दगुप्त का प्रवेश]

स्कन्दगुप्त : बौद्धों का निर्वाण, योगियों की समाधि और पागलों की-सी सम्पूर्ण विस्मृति मुझे एक साथ चाहिए। चेतना कहती है कि तू राजा है, और उत्तर में जैसे कोई कहता है कि तू खिलौना है--उसी खिलवाड़ी वटपत्रशायी बालक के हाथों का खिलौना है। तेरा मुकुट श्रमजीवी की टोकरी से भी तुच्छ है! करुणा-सहचर! क्या जिस पर कृपा होती है, उसी को दुख का अमोघ दान देते हो? नाथ! मुझे दुखों से भय नहीं। संसार के संकोचपूर्ण संकेतों की लज्जा नहीं। वैभव की जितनी कड़ियाँ टूटती हैं, उतना ही मनुष्य बन्धनों से छूटता है और तुम्हारी ओर अग्रसर होता है? परन्तु यह ठीकरा इसी सिर पर फूटने को था! आर्य-साम्राज्य का नाश इन्हीं आँखों को देखना था! हृदय काँप उठता है, देशाभिमान गरजने लगता है। मेरा स्वत्व न हो, मुझे अधिकार की आवश्यकता नहीं। यह नीति और सदाचारों का महान् आश्रय वृक्ष—गुप्त-साम्राज्य हरा-भरा रहे, और कोई भी इसका उपयुक्त रक्षक हो। ओह! जाने

दो, गया, सब कुछ गया! मन बहलाने को कोई वस्तु नहीं रही। कर्तव्य—विस्मृत; भविष्य—अन्धकारपूर्ण, लक्ष्यहीन दौड़ और अनन्त सागर का सन्तरण है!

बजा दो वेणु मनमोहन! बजा दो
हमारे सुप्त जीवन को जगा दो
विमल स्वातंत्र्य का बस मंत्र फूँको
हमें सब भीति-बन्धन से छुड़ा दो
सहारा उन अँगुलियों का मिले हाँ
रसीले राग में मन को मिला दो
तुम्हीं सत हो इसी की चेतना हो
इसे आनन्दमय जीवन बना दो

[प्रार्थना में झुकता है। उन्मत्त भाव से शर्वनाग का प्रवेश]

शर्वनाग : छीन लिया, गोद से छीन लिया; सोने के लोभ से मेरे लालों को शूल के मांस की तरह सेंकने लगे! जिन पर विश्व भर का भंडार लुटाने को मैं प्रस्तुत था उन्हीं गुदड़ी के लालों को राक्षसों ने— हूणों ने—लुटेरों ने—लूट लिया! किसने आहों को सुना?—भगवान् ने? नहीं, उस निष्ठुर ने नहीं सुना। देखते हुए भी न देखा। आते थे कभी एक पुकार पर, दौड़ते थे कभी आधी आह पर, अवतार लेते थे कभी आर्यों की दुर्दशा से दुखी होकर, अब नहीं। देश के हरे कानन चिता बन रहे हैं। धधकती हुई नाश की प्रचंड ज्वाला दिग्दाह कर रही है। अपने ज्वालामुखियों को बर्फ की मोटी चादर से छिपाये हिमालय मौन है, पिघलकर क्यों नहीं समुद्र से जा मिलता? अरे जड़, मूक, बधिर, प्रकृति के टीले!

[उन्मत्त भाव से प्रस्थान]

स्कन्दगुप्त : कौन है? यह शर्वनाग है क्या? क्या अन्तर्वेद भी हूणों से पादाक्रान्त हुआ? अरे आर्यावर्त्त के दुर्दैव, बिजली के अक्षरों से क्या भविष्यत् लिख रहा है? भगवान्! यह अर्धोन्मत्त शर्व! आर्य-साम्राज्य की हत्या का कैसा भयानक दृश्य है? कितना बीभत्स है! सिंहों की विहार-स्थली में शृगाल-वृन्द सड़ी हाथ नोच रहे हैं।

[पगली रामा का प्रवेश; स्कन्द को देखकर]

रामा : लुटेरा है तू भी! क्या लेगा, मेरी सूखी, हड्डियाँ? तेरे दाँतों से टूटेंगी? देख तो—*(हाथ बढ़ाती है)*

स्कन्दगुप्त : कौन? रामा?

रामा : *(आश्चर्य से)* मैं रामा हूँ! हाँ, जिसकी सन्तान को हूणों ने पीस डाला! *(ठहरकर)* मेरी? मेरी सन्तान! इन अभागों की-सी वे नहीं थीं, वे तो तलवार की बारीक धार पर पैर फैलाकर सोना जानती थीं! धधकती हुई ज्वाला में हँसती हुई कूद पड़ती थीं। तुम *(देखती हुई)* लुटेरे भी नहीं, उहूँ, कायर भी नहीं, अकर्मण्य बातों में भुलाने वाले तुम कौन हो? देखा था एक दिन! वही तो है जिसने अपनी प्रचंड हुँकार से दस्युओं को कँपा दिया था, ठोकर मारकर सोई हुई अकर्मण्य जनता को जगा दिया था, जिसके नाम से रोयें खड़े हो जाते थे, भुजाएँ फड़कने लगती थीं। वही स्कन्द—रमणियों का रक्षक, बालकों का विश्वास, वृद्धों का आश्रय और आर्यावर्त्त की छत्रछाया। नहीं, भ्रम हुआ! तुम निष्प्रभ, निस्तेज, उसी के मलिन चित्र-से तुम कौन हो?

[प्रस्थान]

स्कन्दगुप्त : *(बैठकर)* आह! मैं वही स्कन्द हूँ—अकेला, निस्सहाय!

[कमला कुटी खोलकर बाहर निकलती है]

कमला : कौन कहता है तुम अकेले हो? समग्र संसार तुम्हारे साथ है। सहानुभूति को जाग्रत करो। यदि भविष्यत् से डरते हो कि तुम्हारा पतन ही समीप है, तो तुम उस अनिवार्य स्रोत से लड़ जाओ। तुम्हारे प्रचंड और विश्वासपूर्ण पादाघात से विन्ध्य के समान कोई शैल उठ खड़ा होगा जो उस विघ्न-स्रोत को लौटा देगा! राम और कृष्ण के समान क्या तुम भी अवतार नहीं हो सकते? समझ लो, जो अपने कर्मों को ईश्वर का कर्म समझकर करता है, वही ईश्वर का अवतार है। उठो स्कन्द! आसुरी वृत्तियों का नाश करो, सोने वालों को जगाओ और रोने वालों को हँसाओ। आर्यावर्त्त तुम्हारे साथ होगा और उस आर्य-पताका के नीचे समग्र विश्व होगा वीर!

स्कन्दगुप्त : कौन तुम? भटार्क की जननी।

[नेपथ्य से क्रन्दन—'बचाओ-बचाओ' का शब्द]

स्कन्दगुप्त : कौन? देवसेना का-सा शब्द! मेरा खड्‌ग कहँ है? *(जाता है)*

[देवसेना का पीछा करते हुए हूण का प्रवेश]

देवसेना : भीम! भाई! मुझे इस अत्याचारी से बचाओ, कहाँ गये?

हूण : कौन तुझे बचाता है? *(पकड़ना चाहता है, देवसेना छुरी निकालकर आत्महत्या किया चाहती है। पर्णदत्त सहसा एक ओर से आकर एक हाथ से हूण की गर्दन दूसरे हाथ से देवसेना की छुरी पकड़ता है)*

हूण : क्षमा हो!

पर्णदत्त : अत्याचारी! जा तुझे छोड़ देता हूँ। आ बेटी, हम लोग चलें महादेवी की समाधि पर।

कमला : कहाँ, वहीं—कनिष्क के स्तूप के पास?

देवसेना : हाँ, कौन कमला देवी?

कमला : वही अभागिनी।

देवसेना : अच्छा, जाती हूँ; फिर मिलूँगी।

[पर्णदत्त के साथ देवसेना का प्रस्थान—स्कन्दगुप्त का प्रवेश]

स्कन्दगुप्त : कोई नहीं मिला। कहाँ से वह पुकार आई थी? मेरा हृदय व्याकुल हो उठा है। सच्चे मित्र बन्धुवर्म्मा की धरोहर! ओह!

कमला : वह सुरक्षित है, घबराएँ नहीं। कनिष्क के स्तूप के पास आपकी माता की समाधि है, वहीं पर पहुँचा दी गई हैं।

स्कन्दगुप्त : माँ! मेरी जननी! तू भी न रही! हा!

[मूर्च्छित होता है, कमला उसे कुटी में उठा ले जाती है]

[पटाक्षेप]

पंचम अंक

प्रथम दृश्य

[पथ में मुद्गल]

मुद्गल : राजा से रंक और ऊपर से नीचे; कभी दुर्वृत्त दानव, कभी स्नेह सँवलित मानव; कहीं वीणा की झनकार, कहीं दीनता का तिरस्कार। *(सिर पर हाथ रखकर बैठ जाता है)* भाग्यचक्र! तेरी बलिहारी! जयमाला यह सुनकर कि बन्धुवर्म्मा वीरगति को प्राप्त हुए, सती हो गई, और देवसेना को लेकर बूड़ा पर्णदत्त देवकुलिक का-सा महादेवी की समाधि पर जीवन व्यतीत कर रहा है। चक्रपालित, भीमवर्म्मा और मातृगुप्त राजाधिराज को खोज रहे हैं। सुना है कि विजया का मन कुछ फिरा है, वह भी इन्हीं लोगों के साथ मिली है; परन्तु उस पर विश्वास करने को मन नहीं करता। अनन्तदेवी ने पुरगुप्त के साथ हूणों से सन्धि कर ली है; मगध में महादेवी और परम भट्टारक बनने का अभिनय हो रहा है। सम्राट् की उपाधि है 'प्रकाशादित्य' परन्तु प्रकाश के स्थान पर अँधेरा है! आदित्य में गर्मी नहीं। सिंहासन के सिंह सोने के हैं! समस्त भारत हूणों के चरणों में लोट रहा है, और भटार्क मूर्ख की बुद्धि के समान अपने कर्मों पर पश्चात्ताप कर रहा है। *(सामने देखकर)* वह विजया आ रही है! तो हट चलूँ!

[उठकर जाता है]

विजया : अरे मुद्गल! जैसे पहचानता ही न हो। सच है, समय बदलने पर लोगों की आँखें भी बदल जाती हैं।

मुद्गल : तुम कौन हो जी? बेजान-पहचान की छेड़छाड़ अच्छी नहीं लगती; और तिस पर मैं हूँ ज्योतिषी। जहाँ देखो वहीं यह प्रश्न होता है; मुझे उन बातों के सुनने में भी संकोच होता है—मुझसे रूठे हुए हैं? किसी दूसरे पर उनका स्नेह है? वह सुन्दरी कब मिलेगी? मिलेगी या नहीं?—इस देश की छैल-छबीली और रसीली छोकरियों ने यही प्रश्न गुरुजी से पाठ में पढ़ा है। अभिसार के लिए, मुहूर्त पूछे जाते हैं।

विजया : क्या मुद्गल! मुझे पहचान लेने का भी तुम्हें अवकाश नहीं है?

मुद्गल : अवकाश हो या नहीं, मुझे आवश्यकता नहीं।

विजया : क्या आवश्यकता न होने से मनुष्य, मनुष्य से बात न करे? सच है आवश्यकता ही संसार के व्यवहारों की दलाल है। परन्तु मनुष्यता भी कोई वस्तु है मुद्गल!

मुद्गल : उसका नाम न लो। जिस हृदय में अखंड वेग है, तीव्र तृष्णा से जो पूर्ण है, जो कृतघ्नता और क्रूरताओं का भंडार है, जो अपने सुख—अपनी तृप्ति के लिए संसार में सब कुछ करने को प्रस्तुत है, उसका मनुष्यता से क्या सम्बन्ध है?

विजया : न सही, परन्तु इतना तो बता सकोगे, सम्राट् स्कन्दगुप्त से कहाँ भेंट होगी? क्योंकि यह पता चला है कि वे जीवित हैं।

मुद्गल : क्या तुम महाराज से भेंट करोगी, किस मुँह से? अवन्ति में एक दिन यह बात सब जानते थे कि विजया महादेवी होगी!

विजया : उसी एक दिन के बदले मुद्गल आज मैं फिर कुछ कहना चाहती हूँ। वही एक दिन का अतीत आज तक का भविष्य छिपाये था।

मुद्गल : तुम्हारा साहस तो कम नहीं है।

विजया : मुद्गल! बता दोगे?

मुद्गल : तुम विश्वास के योग्य नहीं। अच्छा अब और तुम क्या कर लोगी। देवसेना के साथ जहाँ पर्णदत्त रहते हैं, आज कमला देवी के कुटीर से सम्राट् वहीं अपनी जननी की समाधि पर जाने वाले हैं, उसी कनिष्क-स्तूप के पास।

अच्छा, मैं जाता हूँ। देखो विजया! मैंने बता दिया, पर सावधान!

[जाता है]

विजया : उसने ठीक कहा। मुझे स्वयं अपने पर विश्वास नहीं। स्वार्थ में ठोकर लगते ही मैं परमार्थ की ओर दौड़ पड़ी, परन्तु क्या यह सच्चा परिवर्तन है? क्या मैं अपने को भूलकर देश-सेवा कर सकूँगी? क्या देवसेना...ओह! फिर मेरे सामने वही समस्या। आज तो स्कन्दगुप्त सम्राट् नहीं हैं, प्रतिहिंसे, सो जा। क्या कहा? नहीं, देवसेना ने एक बार मूल्य देकर खरीदा था, परन्तु विजया भी एक बार वही करेगी। देश-सेवा तो होगी ही, यदि मैं अपनी भी कामना पूरी कर सकती! मेरा रत्न-गृह अभी बचा है, उसे सेना-संकलन करने के लिए सम्राट् को दूँगी, और एक बार बनूँगी महादेवी। क्या नहीं होगा? अवश्य होगा। अदृष्ट ने इसीलिए उस रक्षित रत्न-गृह को बचाया है। उससे एक साम्राज्य ले सकती हूँ! तो आज वही करूँगी, और इसमें दोनों होंगे—स्वार्थ और परमार्थ।

[प्रस्थान]

[भटार्क का प्रवेश]

भटार्क : अपने कुकर्मों का फल चखने में कड़वा; परन्तु परिणाम में मधुर होता है। ऐसा, वीर, ऐसा उपयुक्त और ऐसा परोपकारी सम्राट्! परन्तु गया—मेरी ही भूल से सब गया। आज भी वे शब्द सामने आ जाते हैं, जो उस बूढ़े अमात्य ने कहे थे—"भटार्क सावधान! जिस काल-भुजंगी राष्ट्रनीति को लेकर तुम खेल रहे हो, प्राण देकर भी उसकी रक्षा करना।" हाय! न हम उसे बस में कर सके और न तो उससे अलग हो सके। मेरी उच्च आकांक्षा, वीरता का दम्भ पाखंड की सीमा तक पहुँच गया। अनन्तदेवी—एक क्षुद्र नारी—उसके कुचक्र में, आशा के प्रलोभन में मैंने सब बिगाड़ दिया। सुना है कि कहीं यहीं स्कन्दगुप्त भी हैं, चलूँ उस महत् का दर्शन तो कर लूँ।

[पट-परिवर्तन]

द्वितीय दृश्य

[कनिष्ठ स्तूप के पास महादेवी की समाधि। अकेले पर्णदत्त टहलते हुए]

पर्णदत्त : सूखी रोटियाँ बचाकर रखनी पड़ती हैं। जिन्हें कुत्तों को देते हुए संकोच होता था, उन्हीं कुत्सित अन्नों का संचय! अक्षय निधि के समान उन पर पहरा देता हूँ। मैं रोऊँगा नहीं; परन्तु यह रक्षा क्या केवल जीवन का बोझ वहन करने के लिए है? नहीं पर्ण, रोना मत। एक बूँद भी आँसू आँखों में न दिखाई पड़े। तुम जीते रहो, तुम्हारा उद्देश्य सफल होगा। भगवान् यदि होंगे, तो कहेंगे कि मेरी सृष्टि में एक सच्चा हृदय था। सन्तोष कर उछलते हुए हृदय! सन्तोष कर, तू रोटियों के लिए नहीं जीता है; तू उसकी भूल दिखाता है, जिसने तुझे उत्पन्न किया है। परन्तु जिस काम को कभी नहीं किया, उसे करते नहीं बनता, स्वाँग भरते नहीं बनता; देश के बहुत-से दुर्दशाग्रस्त वीर-हृदयों की सेवा के लिए करना पड़ेगा! मैं क्षत्रिय हूँ, मेरा यह पाप ही आपद्धर्म होगा; साक्षी रहना भगवान्!

[एक नागरिक का प्रवेश]

पर्णदत्त : बाबा! कुछ दे दो।

नागरिक : और वह तुम्हारी कहाँ गई वह... *(संकेत करता है)*

पर्णदत्त : मेरी बेटी स्नान करने गई। बाबा! कुछ दे दो।

नागरिक : मुझे उसका गान बहुत प्यारा लगता है, अगर वह गाती तो तुम्हें कुछ अवश्य मिल जाता। अच्छा फिर आऊँगा *(जाता है)*

पर्णदत्त : *(दाँत पीसकर)*—नीच, दुरात्मा, विलास का नारकीय कीड़ा! बालों को सँवार कर, अच्छे कपड़े पहनकर, अब भी घमंड से तना हुआ निकलता है। कुलवधुओं का अपमान सामने देखते हुए भी अकड़ कर चल रहा है; अब तक विलास और नीच वासना नहीं गई। जिस देश के नवयुवक ऐसे हों, उसे अवश्य दूसरों के अधिकार में जाना चाहिए। देश पर यह विपत्ति, फिर भी यह निराली धज!

देवसेना : *(प्रवेश करके)* क्या है बाबा। क्यों चिढ़ रहे हो? जाने दो, जिसने नहीं दिया—कुछ अपना; कुछ तुम्हारा तो नहीं ले गया।

पर्णदत्त : अपना! देवसेना! अन्न पर स्वत्व है भूखों का और धन पर स्वत्व है देशवासियों का। प्रकृति ने उन्हें हमारे लिए—हम भूखों के लिए—रख छोड़ा है। वह थाती है, उसे लौटाने में इतनी कुटिलता! विलास के लिए उनके पास पुष्कल धन है, और दरिद्रों के लिए नहीं? अन्याय का समर्थन करते हुए तुम्हें भूल न जाना चाहिए कि...

देवसेना : बाबा! क्षमा करो। जाने दो, कोई तो देगा।

पर्णदत्त : हमारे ऊपर सैकड़ों अनाथ वीरों के बालकों का भार है। बेटी! ये युद्ध में मरना जानते हैं; परन्तु भूख से तड़पता हुआ इन्हें देखकर आँखों से रक्त गिर पड़ता है।

देवसेना : बाबा! महादेवी की समाधि स्वच्छ करती हुई आ रही हूँ। कई दिन से भीख नहीं आया; मातृगुप्त भी नहीं; सब कहाँ हैं?

पर्णदत्त : आवेंगे बेटी! तुम बैठो, मैं अभी आता हूँ।

[प्रस्थान]

देवसेना : संगीत-सभा की अन्तिम लहरदार और आश्रयहीन तान, धूपदान की एक क्षीण गन्ध-रेखा, कुचले हुए फूलों का म्लान सौरभ और उत्सव के पीछे का अवसाद; इन सबों की प्रतिकृति मेरा क्षुद्र नारी-जीवन! मेरे प्रिय गान! अब क्या गाऊँ और क्या सुनाऊँ? इन बार-बार के गाये हुए गीतों में क्या आकर्षण है—क्या बल है जो खींचता है? केवल सुनने की ही नहीं, प्रत्युत् जिसके साथ अनन्त-काल तक कंठ मिला रखने की इच्छा जग जाती है।

[गाती है]

शून्य गगन में खोजता जैसे चन्द्र निराश,
राका में रमणीय यह किसका मधुर प्रकाश
हृदय! तू खोजता किसको छिपा है कौन-सा तुझमें
मचलता है बता क्या दूँ छिपा तुझसे न कुछ मुझमें
रस-निधि में जीवन रहा, मिटी न फिर भी प्यास
मुँह खोले मुक्तामयी सीपी स्वाती आस

हृदय! तू है बना जल-निधि, लहरियाँ खेलतीं तुझमें
मिला अब कौन-सा नवरत्न जो पहले न था तुझमें

[प्रस्थान]

[वेश बदले हुए स्कन्दगुप्त का प्रवेश]

स्कन्दगुप्त : जननी! तुम्हारी पवित्र स्मृति को प्रणाम! *(समाधि के समीप घुटने टेककर फूल चढ़ाता है)* माँ! अन्तिम बार आशीर्वाद नहीं मिला, इसी से यह कष्ट, यह अपमान। माँ तुम्हारी गोद में पलकर भी तुम्हारी सेवा न कर सका—यह अपराध क्षमा करो।

[देवसेना का प्रवेश]

देवसेना : *(पहचानती हुई)* कौन? अरे! सम्राट् की जय हो।

स्कन्दगुप्त : देवसेना!

देवसेना : हाँ राजाधिराज! धन्य भाग्य, आज दर्शन हुए।

स्कन्दगुप्त : देवसेना! बड़ी-बड़ी कामनाएँ थीं!

देवसेना : सम्राट्!

स्कन्दगुप्त : क्या तुमने यहाँ कोई कुटी बना ली है?

देवसेना : हाँ, यहीं गाकर भीख माँगती हूँ, और आर्य पर्णदत्त के साथ रहती हुई महादेवी की समाधि परिष्कृत करती हूँ।

स्कन्दगुप्त : मालवेश-कुमारी देवसेना! तुम और यह कर्म! समय जो चाहे करा ले! कभी हमने भी तुम्हें अपने काम का बनाया था। देवसेना! यह सब मेरा प्रायश्चित्त है। आज मैं बन्धुवर्म्मा की आत्मा को क्या उत्तर दूँगा? जिसने निःस्वार्थ भाव से सब कुछ मेरे चरणों में अर्पित कर दिया था, उससे कैसे उऋण होऊँगा? मैं यह सब देखता हूँ और जीता हूँ।

देवसेना : मैं अपने लिए ही नहीं माँगती देव! आर्य पर्णदत्त ने साम्राज्य के बिखरे हुए सब रत्न एकत्र किये हैं, वे सब निरवलम्ब हैं। किसी के पास टूटी हुई तलवार ही बची है, तो किसी के जीर्ण वस्त्रखंड, उन सबकी सेवा इसी आश्रम में होती है।

स्कन्दगुप्त : वृद्ध पर्णदत्त, तात पर्णदत्त! तुम्हारी यह दशा? जिसके लोहे से आग बरसती थी, वह जंगल की लकड़ियाँ बटोर कर आग

सुलगाता है! देवसेना! अब इसका कोई काम नहीं; चलो महादेवी की समाधि के सामने प्रतिश्रुत हों, हम-तुम अब अलग न होंगे। साम्राज्य तो नहीं है, मैं बचा हूँ; वह अपना ममत्व तुम्हें अर्पित करके उऋण होऊँगा, और एकान्तवास करूँगा।

देवसेना : सो न होगा सम्राट्! मैं दासी हूँ! मालव ने जो देश के लिए उत्सर्ग किया है, उसका प्रतिदान लेकर मृत आत्मा का अपमान न करूँगी। सम्राट्! देखो, यहीं पर सती जयमाला की भी छोटी-सी समाधि है, उसके गौरव की रक्षा होनी चाहिए।

स्कन्दगुप्त : देवसेना! बन्धुवर्म्मा की भी तो यही इच्छा थी।

देवसेना : परन्तु क्षमा हो सम्राट्! उस समय आप विजया का स्वप्न देखते थे, अब प्रतिदान लेकर मैं उस महत्त्व को कलंकित न करूँगी। मैं आजीवन दासी बनी रहूँगी; परन्तु आपके प्राप्य में भाग न लूँगी।

स्कन्दगुप्त : देवसेना! एकान्त में, किसी कानन के कोने में, तुम्हें देखता हुआ, जीवन व्यतीत करूँगा। साम्राज्य की इच्छा नहीं—एक बार कह दो।

देवसेना : तब तो और भी नहीं! मालव का महत्त्व तो रहेगा ही, परन्तु उसका उद्देश्य भी सफल होना चाहिए। आपको अकर्मण्य बनाने के लिए देवसेना जीवित न रहेगी! सम्राट् क्षमा हो। इस हृदय में...आह! कहना ही पड़ा, स्कन्दगुप्त को छोड़कर न तो कोई दूसरा आया और न वह जायेगा। अभिमानी भक्त के समान निष्काम होकर मुझे उसी की उपासना करने दीजिए, उसे कामना के भँवर में फँसाकर कलुषित न कीजिए। नाथ! मैं आपकी ही हूँ, मैंने अपने को दे दिया है, अब उसके बदले कुछ लिया नहीं चाहती।

[पैरों पर गिरती है]

स्कन्दगुप्त : *(आँसू पोंछता हुआ)* उठो देवसेना! तुम्हारी विजय हुई। आज से मैं प्रतिज्ञा करता हूँ कि मैं कुमार जीवन ही व्यतीत करूँगा। मेरी जननी की समाधि इसमें साक्षी है।

देवसेना : हैं, हैं, यह क्या किया!

स्कन्दगुप्त : कल्याण का श्रीगणेश! यदि साम्राज्य का उद्धार कर सका, तो उसे पुरगुप्त के लिए निष्कंटक छोड़ जा सकूँगा।

देवसेना : *(नि:श्वास लेकर)* देवव्रत! तुम्हारी जय हो। जाऊँ आर्य पर्णदत्त को लिवा लाऊँ।

[प्रस्थान]

[विजया का प्रवेश]

विजया : इतना रक्तपात और इतनी ममता, इतना मोह—जैसे सरस्वती के शोणित जल में इन्दीवर का विकास। इसी कारण अब मैं भी मरती हूँ। मेरे स्कन्द प्राणाधार!

स्कन्दगुप्त : *(घूमकर)* यह कौन, इन्द्रजाल मंत्र? अरे विजया!

विजया : हाँ, मैं ही हूँ।

स्कन्दगुप्त : तुम कैसे?

विजया : तुम्हारे लिए मेरे अन्तस्तल की आशा जीवित है!

स्कन्दगुप्त : नहीं विजया! उस खेल को खेलने की इच्छा नहीं; यदि दूसरी बात हो तो कहो। उन बातों को रहने दो।

विजया : नहीं, मुझे कहने दो। *(सिसकती हुई)* मैं अब भी...

स्कन्दगुप्त : चुप रहो विजया! यह मेरी आराधना की—तपस्या की भूमि है, इसे प्रवंचना से कलुषित न करो। तुमसे यदि स्वर्ग भी मिले तो मैं उससे दूर रहना चाहता हूँ।

विजया : मेरे पास अभी दो रत्न-गृह छिपे हैं, जिनसे सेना एकत्र करके तुम सहज ही उन हूणों को परास्त कर सकते हो!

स्कन्दगुप्त : परन्तु, साम्राज्य के लिए मैं अपने को नहीं बेच सकता। विजया चली जाओ; इस निर्लज्ज प्रलोभन की आवश्यकता नहीं। यह प्रसंग यहीं तक...।

विजया : मैंने देशवासियों को सन्नद्ध करने का संकल्प किया है, और भटार्क का संसर्ग छोड़ दिया है। तुम्हारी सेवा के उपयुक्त बनने का उद्योग कर रही हूँ। मैं मालव और सौराष्ट्र को तुम्हारे लिए स्वतंत्र करा दूँगी; अर्थलोभी हूण-दस्युओं से उसे छुड़ा लेना मेरा काम है। केवल तुम स्वीकार कर लो।

स्कन्दगुप्त : विजया! तुमने मुझे इतना लोभी समझ लिया है? मैं सम्राट् बनकर सिंहासन पर बैठने के लिए नहीं हूँ। शस्त्र-बल से शरीर देकर भी यदि हो सका, तो जन्मभूमि का उद्धार कर लूँगा। सुख के लोभ से, मनुष्य के भय से, मैं उत्कोच देकर क्रीत साम्राज्य नहीं चाहता।

विजया : क्या जीवन के प्रत्यक्ष सुखों से तुम्हें वितृष्णा हो गई है? आओ हमारे साथ बचे हुए जीवन का आनन्द लो।

स्कन्दगुप्त : और असहाय दीनों को, राक्षसों के हाथ उनके भाग्य पर छोड़ दूँ।

विजया : कोई दुख भोगने के लिए है, कोई सुख। फिर सबका बोझा अपने सिर पर लादकर क्यों व्यस्त होते हो?

स्कन्दगुप्त : परन्तु इस संसार का कोई उद्‌देश्य है। इसी पृथ्वी को स्वर्ग होना है, इसी पर देवताओं का निवास होगा; विश्व-नियन्ता का ऐसा ही उद्‌देश्य मुझे विदित होता है। फिर उसकी इच्छा क्यों न पूर्ण करूँ; विजया! मैं कुछ नहीं हूँ, उसका अस्त्र हूँ—परमात्मा का अमोघ अस्त्र हूँ। मुझे उसके संकेत पर केवल अत्याचारियों के प्रति प्रेरित होना है। किसी से मेरी शत्रुता नहीं, क्योंकि मेरी निज की कोई इच्छा नहीं। देशव्यापी हलचल के भीतर कोई शक्ति कार्य कर रही है, पवित्र प्राकृतिक नियम अपनी रक्षा करने के लिए स्वयं सन्नद्ध है। मैं उसी ब्रह्मचक्र का एक...

विजया : रहने दो यह थोथा ज्ञान। प्रियतम! यह भरा हुआ यौवन और प्रेमी हृदय विलास के उपकरणों के साथ प्रस्तुत है। उन्मुक्त आकाश के नील-नीरद मंडल में दो बिजलियों के समान क्रीड़ा करते-करते हम लोग तिरोहित हो जाएँ। और उस क्रीड़ा में तीव्र आलोक हो जो हम लोगों के विलीन हो जाने पर भी जगत् की आँखों को थोड़े काल के लिए बन्द कर रखे। स्वर्ग की कल्पित अप्सराएँ और इस लोक के अनन्त पुण्य के भागी जीव भी जिस सुख को देखकर आश्चर्य-चकित हों, वही मादक सुख घोर आनन्द, विराट् विनोद हम लोगों का आलिंगन करके धन्य हो जाय!

अगरु-धूम की श्याम लहरियाँ उलझी हों इन अलकों से
व्याकुलता लाली के डोरे इधर फँसे हों पलकों से
व्याकुल बिजली-सी तुम मचलो आर्द्र-हृदय घनमाला से
आँसू बरुनी से उलझे हों, अधर प्रेम के प्याला से
इस उदास मन की अभिलाषा अटकी रहे प्रलोभन से
व्याकुलता सौ-सौ बल खा कर उलझ रही हो जीवन से
छवि-प्रकाश-किरणें उलझी हों जीवन के भविष्य तम से
ये लायेंगी रंग सुलालित होने दो कम्पन सम से

इस आकुल जीवन की घड़ियाँ इन निष्ठुर आघातों से
बजा करें अगणित यंत्रों से सुख-दुख के अनुपातों से
उखड़ी साँसें उछल रही हों धड़कन से कुछ परिमित हो
अनुनय उलझ रहा हो तीखे तिरस्कार से लांछित हो
यह दुर्बल दीनता रहे उलझी फिर चाहो ठुकराओ
निर्दयता के इन चरणों से, जिसमें तुम भी सुख पाओ

[स्कन्द के पैरों को पकड़ती है]

स्कन्दगुप्त : *(पैर छुड़ाकर)* विजया! पिशाची! हट जा; नहीं जानती, मैंने आजीवन कौमार-व्रत की प्रतिज्ञा की है।

विजया : तो क्या मैं फिर हारी?

[भटार्क का प्रवेश]

भटार्क : निर्लज्ज हारकर भी नहीं हारता, मरकर भी नहीं मरता।

विजया : कौन, भटार्क?

भटार्क : हाँ, तेरा पति भटार्क। दुश्चरित्रे! सुना था कि तुझे देश-सेवा करके पवित्र होने का अवसर मिला है; परन्तु हिंस्र पशु कभी एकादशी का व्रत करेगा—कभी पिशाची शान्ति-पाठ पढ़ेगी!

विजया : *(सिर नीचा करके)* अपराध हुआ।

भटार्क : फिर भी किसके साथ? जिसके ऊपर अत्याचार करके मैं भी लज्जित हूँ, जिससे क्षमा-याचना करने में आ रहा था। नीच स्त्री।

विजया : घोर अपमान, तो बस...

[छुरी निकालकर आत्महत्या करती है]

स्कन्दगुप्त : भटार्क! इसके शव का संस्कार करो।

भटार्क : देव! मेरी भी लीला समाप्त है।

[छुरी निकालकर अपने को मारना चाहता है। स्कन्दगुप्त हाथ पकड़ लेता है]

स्कन्दगुप्त : तुम वीर हो, इस समय देश को वीरों की आवश्यकता है। तुम्हारा यह प्रायश्चित्त नहीं। रणभूमि में प्राण देकर जननी जन्म-भूमि का उपकार करो। भटार्क! यदि कोई साथी न मिला तो साम्राज्य के लिए नहीं—जन्म-भूमि के उद्धार के

लिए मैं अकेला युद्ध करूँगा और तुम्हारी प्रतिज्ञा पूरी होगी, पुरगुप्त को सिंहासन देकर मैं वानप्रस्थ आश्रम ग्रहण करूँगा। आत्महत्या के लिए जो अस्त्र तुमने ग्रहण किया है, उसे शत्रु के लिए सुरक्षित रखो।

भटार्क : *(स्कन्द के सामने घुटने टेककर)* 'श्री स्कन्दगुप्त विक्रमादित्य की जय हो!' जो आज्ञा होगी, वही करूँगा!

स्कन्दगुप्त : पहले इस शव का प्रबन्ध होना चाहिए।

[प्रस्थान]

भटार्क : *(स्वगत)* इस घृणित शव का अग्नि-संस्कार करना ठीक नहीं! लाओ, इसे यहीं गाड़ दूँ!

[भूमि खोदते समय एक भयानक शब्द के साथ रत्न-गृह का प्रकट होना और भटार्क का प्रसन्न होकर पुकारना; स्कन्दगुप्त का आकर रत्न-गृह देखना]

स्कन्दगुप्त : भटार्क! यह तुम्हारा है।

भटार्क : हाँ सम्राट्! यह हमारा है, इसीलिए देश का है। आज से मैं सेना संकलन में लगूँगा।

स्कन्दगुप्त : वह दूर पर बड़ी भीड़ हो रही है स्तूप के पास।

भटार्क : नागरिकों का उत्सव है। *(रत्न-गृह बन्द करके)* चलिए, देखूँ।

[पट-परिवर्तन]

तृतीय दृश्य

[स्तूप का एक भाग—नागरिकों का आना। उन्हीं में वेश बदले हुए मातृगुप्त, भीमवर्म्मा, चक्रपालित, शर्वनाग, कमला, रामा इत्यादि। दूसरी ओर से वृद्ध पर्णदत्त का हाथ पकड़े हुए देवसेना का प्रवेश]

प. नागरिक : अरे वह छोकरी आ गई, इससे कुछ सुना जाय।

दू. नागरिक : हाँ री छोकरी! कुछ गा तो।

पर्णदत्त : भीख दो बाबा! देश के बच्चे भूखे हैं, नंगे हैं, असहाय हैं, कुछ दो बाबा!

प. नागरिक : अरे गाने भी दे बूढ़े!

पर्णदत्त : हाय रे अभागे देश!

[देवसेना गाती है]

देश की दुर्दशा निहारोगे
डूबते को कभी उबारोगे
हारते ही रहे, न है कुछ अब
दाँव पर आपको न हारोगे
कुछ करोगे कि बस सदा रोकर
दीन हो दैव को पुकारोगे
सो रहे तुम, न भाग्य सोता है
आप बिगड़ी तुम्हीं सँवारोगे
दीन जीवन बिता रहे जब तक
क्या हुए जा रहे, विचारोगे

पर्णदत्त : नहीं बेटी, निर्लज्ज कभी विचार नहीं करेंगे।

चक्रपालित : आर्य पर्णदत्त की जय!

पर्णदत्त : मुझे जय नहीं चाहिए—भीख चाहिए। जो दे सकता हो अपने प्राण, जो जन्म-भूमि के लिए उत्सर्ग कर सकता हो जीवन, वैसे वीर चाहिए; कोई देगा भीख में?

स्कन्दगुप्त : *(भीड़ से निकलकर)* मैं प्रस्तुत हूँ तात!

भटार्क : श्री स्कन्दगुप्त विक्रमादित्य की जय हो!

[नागरिकों में से बहुत-से युवक निकल पड़ते हैं]

सब : हम हैं, आपकी सेवा के लिए प्रस्तुत हैं।

स्कन्दगुप्त : आर्य पर्णदत्त!

पर्णदत्त : आओ वत्स! सम्राट्! *(आलिंगन करता है)*

[पट-परिवर्तन]

चतुर्थ दृश्य

[महाबोधि-विहार अनन्तदेवी, पुरगुप्त प्रख्यातकीर्ति हूण-सेनापति]

अनन्तदेवी : इसका उत्तर महाश्रमण देंगे।

हूण-सेनापति : मुझे उत्तर चाहिए, चाहे कोई दे।

प्रख्यातकीर्ति : सेनापति! मुझसे सुनो, समस्त उत्तरापथ का बौद्ध-संघ जो तुम्हारे उत्कोच के प्रलोभन में भूल गया था, वह अब न होगा।

हूण-सेनापति : तभी बौद्ध जनता से जो सहायता हूण-सैनिकों को मिलती थी, बन्द हो गई; और उलटा तिरस्कार!

प्रख्यातकीर्ति : वह भ्रम था। बौद्धों को विश्वास था कि हूण लोग सद्धर्म का उत्थान करने में सहायक होंगे, परन्तु ऐसे हिंसक लोगों को सद्धर्म कोई आश्रय नहीं देगा। *(पुरगुप्त की ओर देखकर)* यद्यपि संघ ऐसे अकर्मण्य युवक को आर्य-साम्राज्य के सिंहासन पर नहीं देखना चाहता, तो भी बौद्ध धर्माचरण करेंगे, राजनीति में भाग न लेंगे।

अनन्तदेवी : भिक्षु! क्या कह रहे हो? समझकर कहना।

हूण-सेनापति : गोपाद्रि से समाचार मिला है, स्कन्दगुप्त फिर जी उठा है, और सिन्धु के इस पार के हूण उसके घेरे में हैं; सम्भवतः शीघ्र ही अन्तिम युद्ध होगा। तब तक के लिए संघ को प्रतिज्ञा भंग न करनी चाहिए।

पुरगुप्त : क्या युंद्ध! तुम लोगों को कोई दूसरी बात नहीं...

अनन्तदेवी : चुप रहो।

पुरगुप्त : तब फिर एक पात्र। *(सेवक देता है)*

प्रख्यातकीर्ति : अनार्य! विहार में मद्यपान! निकलो यहाँ से।

अनन्तदेवी : भिक्षु! समझकर बोलो, नहीं तो मुंडित मस्तक भूमि पर लोटने लगेगा!

हूण-सेनापति : इसी की सब प्रवंचना है। इसका तो मैं अवश्य ही वध करूँगा।

प्रख्यातकीर्ति : क्षणिक और आनात्मभाव में किसका कौन वध करेगा, मूर्ख!

हूण-सेनापति : पाखंड! मरने के लिए प्रस्तुत हो।

प्रख्यातकीर्ति : सिंहल के युवराज की प्रेरणा से हम लोग इस सत्पथ पर अग्रसर हुए हैं; वहाँ से लौट नहीं सकते हैं।

[हूण-सेनापति मारना चाहता है]

धातुसेन : *(सहसा ससैन्य प्रवेश करके)* 'सम्राट् स्कन्दगुप्त की जय!'

[सैनिक सबको बन्दी कर लेते हैं]

धातुसेन : कुचक्रियो! अपने फल भोगने के लिए प्रस्तुत हो जाओ! भारत के भीतर की बची हुई समस्त हूण-सेना के रुधिर से यह उन्हीं की लगायी ज्वाला शान्त होगी।

अनन्तदेवी : धातुसेन! यह क्या, तुम हो?

धातुसेन : हाँ महादेवी! एक दिन मैंने समझाया था, तब मेरी अवहेलना की गई; यह उसी का परिणाम है। *(सैनिकों से)* सबको शीघ्र साम्राज्य-स्कन्धावार में ले चलो।

[दृश्यान्तर]

पंचम दृश्य

[रणक्षेत्र]

[सम्राट स्कन्दगुप्त, भटार्क, चक्रपालित, पर्णदत्त, मातृगुप्त भीमवर्म्मा इत्यादि सेना के साथ परिभ्रमण करते हैं]

[गान]

वीरो! हिमालय के आँगन में उसे प्रथम किरणों का दे उपहार।
उषा ने हँस अभिनन्दन किया और पहनाया हीरक हार।
जगे हम, लगे जगाने विश्व लोक में फैला फिर आलोक।
व्योम-तम-पुंज हुआ तब नष्ट, अखिल संसृति हो उठी अशोक।
विमल वाणी ने वीणा ली कमल-कोमल कर में सप्रीत।
सप्तस्वर सप्तसिन्धु में उठे, छिड़ा तब मधुर साम-संगीत।
बचाकर बीज-रूप से सृष्टि, नाव पर झेल प्रलय का शीत।
अरुण-केतन लेकर निज हाथ वरुण पथ में हम बढ़े अभीत।
सुना है वह दधीचि का त्याग हमारा जातीयता विकास।
पुरन्दर ने पवि से है लिखा अस्थि-युग का मेरा इतिहास।
सिन्धु-सा विस्तृत और अथाह एक निर्वासित का उत्साह।
दे रही अभी दिखाई भग्न मग्न रत्नाकर में वह राह।
धर्म का ले-लेकर जो नाम हुआ करती बलि, कर दी बन्द।

हमीं ने दिया शान्ति-सन्देश, सुखी होते देकर आनन्द।
विजय केवल लोहे की नहीं, धर्म की रही, धरा पर धूम।
भिक्षु होकर रहते सम्राट् दया दिखलाते घर-घर घूम।
यवन को दिया दया का दान चीन को मिली धर्म की दृष्टि।
मिला था स्वर्ण-भूमि को रत्न शील की सिंहल को भी सृष्टि।
किसी का हमने छीना नहीं, प्रकृति का रहा पालना यहीं।
हमारी जन्म-भूमि थी यहीं, कहीं से हम आये थे नहीं।
जातियों का उत्थान-पतन, आँधियाँ, झड़ी प्रचंड समीर।
खड़े देखा, झेला हँसते, प्रलय में पले हुए हम वीर।
चरित थे पूत, भुजा में शक्ति, नम्रता रही सदा सम्पन्न।
हृदय के गौरव में था गर्व, किसी को देख न सके विपन्न।
हमारे संचय में था दान, अतिथि थे सदा हमारे देव।
वचन में सत्य, हृदय में तेज, प्रतिज्ञा में रहती थी टेव।
वही है रक्त, वही है देश, वही साहस है, वैसा ज्ञान।
वही है शान्ति, वही है शक्ति, वही हम दिव्य आर्य-सन्तान।
जियें तो सदा उसी के लिए, यही अभिमान रहे, यह हर्ष।
निछावर कर दें हम सर्वस्व, हमारा प्यारा भारतवर्ष।

सब : *(समवेत स्वर में)* जय! राजाधिराज स्कन्दगुप्त की जय!!

[हूण-सेना के साथ खिंगिल का आगमन]

खिंगिल : बच गया था भाग्य से फिर सिंह के मुख में आना चाहता है। भीषण परशु के प्रहारों से तुम्हें अपनी भूल स्मरण हो जाएगी।

स्कन्दगुप्त : यह बात करने का स्थल नहीं है।

[घोर युद्ध। खिंगिल घायल होकर बन्दी होता है। सम्राट् को बचाने में वृद्ध पर्णदत्त की मृत्यु; गरुड़ध्वज की छाया में वह लिटाया जाता है]

स्कन्दगुप्त : धन्य वीर आर्य पर्णदत्त!

सब : आर्य पर्णदत्त की जय! आर्य साम्राज्य की जय!!

[बन्दी-वेश में पुरगुप्त और अनन्तदेवी के साथ धातुसेन का प्रवेश]

स्कन्दगुप्त : मेरी सौतेली माता! इस विजय से आप सुखी होंगी।

अनन्तदेवी : क्यों लज्जित करते हो स्कन्द! तुम भी तो मेरे पुत्र हो!

स्कन्दगुप्त : आह! यदि यही होता मेरी विमाता तो देश की इतनी दुर्दशा न होती।

अनन्तदेवी : मुझे क्षमा करो सम्राट्।

स्कन्दगुप्त : माता का हृदय सदैव क्षम्य है। तुम जिस प्रलोभन से इस दुष्कर्म में प्रवृत्त हुईं, वही तो कैकेयी ने भी किया था। तुम्हारा इसमें दोष नहीं। जब तुमने आज मुझे पुत्र कहा, तो मैं भी तुम्हें माता ही समझूँगा परन्तु कुमारगुप्त के इस अग्नितेज को तुमने अपने कुत्सित कर्मों की राख से ढक दिया। पुरगुप्त!

पुरगुप्त : देव! अपराध हुआ। *(पैर पकड़ता है)*

स्कन्दगुप्त : भटार्क! मैंने तुम्हारी प्रतिज्ञा पूरी की। लो, आज इस रणभूमि में पुरगुप्त को युवराज बनाता हूँ। देखना, मेरे बाद जन्म-भूमि की दुर्दशा न हो। *(रक्त का टीका पुरगुप्त को लगाता है)*

भटार्क : देवव्रत! अभी आपकी छत्रछाया में हम लोगों को बहुत-सी विजय प्राप्त करनी है; यह आप क्या कहते हैं?

स्कन्दगुप्त : क्षत-जर्जर शरीर अब बहुत दिन नहीं चलेगा, इसी से मैंने भावी साम्राज्य-नीति की घोषणा कर दी है। इस हूण को छोड़ दो; और कह दो कि सिन्ध के पार के पवित्र देश में कभी आने का साहस न करे।

खिंगिल : आर्य सम्राट्! आपकी आज्ञा शिरोधार्य है।

[दृश्यान्तर]

षष्टम दृश्य

[उद्यान का एक भाग]

देवसेना : हृदय की कोमल कल्पना! सो जा। जीवन में जिसकी सम्भावना नहीं, जिसे द्वार पर आये हुए लौटा दिया था, उसके लिए पुकार मचाना क्या तेरे लिए कोई अच्छी बात है? आज जीवन के भावी सुख, आशा और आकांक्षा—सब मैं विदा लेती हूँ।

आह! वेदना मिली विदाई
मैंने भ्रमवश जीवन संचित,
मधुकरियों की भीख लुटाई

छलछल थे सन्ध्या के श्रमकण
आँसू-से गिरते थे प्रतिक्षण
मेरी यात्रा पर लेती थी
नीरवता अनन्त अँगड़ाई

श्रमित स्वप्न की मधुमाया में
गहन-विपिन की तरु छाया में
पथिक उनींदी श्रुति में किसने
यह विहाग की तान उठाई

लगी सतृष्ण दीठ थी सबकी
रही बचाये फिरती कबकी
मेरी आशा आह! बावली
तूने खो दी सकल कमाई

चढ़कर मेरे जीवन-रथ पर
प्रलय चल रहा अपने पथ पर
मैंने निज दुर्बल पद-बल पर
उससे हारी-होड़ लगाई

लौटा लो यह अपनी थाती
मेरी करुणा हा-हा खाती
विश्व! न सँभलेगी यह मुझसे
इसने मन की लाज गँवाई

[स्कन्दगुप्त का प्रवेश]

स्कन्दगुप्त : देवसेना!

देवसेना : जय हो देव! श्रीचरणों में मेरी भी कुछ प्रार्थना है।

स्कन्दगुप्त : मालवेश-कुमारी, क्या आज्ञा है? आज बन्धुवर्म्मा इस आनन्द को देखने के लिए नहीं है। जननी जन्म-भूमि का उद्धार करने की जिस वीर की दृढ़ प्रतिज्ञा थी, जिसका ऋण शोध कभी नहीं किया जा सकता, उसी वीर बन्धुवर्म्मा की भगिनी मालवेश-कुमारी देवसेना की आज्ञा है?

देवसेना : मैं मृत भाई के स्थान पर यथाशक्ति सेवा करती रही; अब मुझे छुट्टी मिले।

स्कन्दगुप्त : देवि! यह न कहो। जीवन के शेष दिन, कर्म के अव ाद में बचे हुए दुखी लोग, एक-दूसरे का मुँह देखकर काट लेंगे। हमने अन्तर की प्रेरणा से शस्त्र द्वारा जो निष्ठुरता की थी, वह इस पृथ्वी को स्वर्ग बनाने के लिए। परन्तु इस नन्दन की वसन्तश्री, इस अमरावती की शची, इस स्वर्ग की लक्ष्मी तुम चली जाओ—ऐसा मैं किस मुँह से कहूँ? *(कुछ ठहर कर सोचते हुए)* और किस वज्र कठोर हृदय से तुम्हें रोकूँ? देवसेना! देवसेना!! तुम जाओ। हतभाग्य स्कन्दगुप्त, अकेला स्कन्द, ओह!!

देवसेना : कष्ट हृदय की कसौटी है, तपस्या अग्नि है, सम्राट्! यदि इतना भी न कर सके तो क्या! सब क्षणिक सुखों का अन्त है। जिसमें सुखों का अन्त न हो, इसलिए सुख करना ही न चाहिए। मेरे जीवन के देवता! और उस जीवन के प्राप्य! क्षमा!

[घुटने टेकती है, स्कन्द उसके सिर पर हाथ रखता है]

[यवनिका]

✪✪✪